JN066244

たのしくできる
ダウン症の発達支援
アセスメント&プログラム

1

監修
橋本創一

編
橋本創一・田中里実・杉岡千宏
野元明日香・小松知子

ことばを育てる

福村出版

まえがき

　本書をお手に取っていただきありがとうございます。

　1866年に，イギリスの医師Down（ダウン）氏がダウン症について初めて報告してから150年あまりが経ちました。その頃から今日に至るまで，ダウン症のある人たちを取り巻く環境は大きく変化しています。

　ダウン症は，1000人に1人の出現率とされてきましたが，日本を含む先進国では，近年，さまざまな要因から500〜700人に1人の出生というデータが発表されています。出生前診断が実施される医療機関が増えている中で，変わらず一定量，または増加傾向を示しながら，ダウン症のある子どもは豊かに暮らす権利をもって生まれてきて，家族とともに楽しい生活を営んでいます。一方で，合併症やさまざまな発達におけるハンディキャップがあるために，子どもの実態に合わせて，個別に，しかも集中的に，療育・保育・教育において工夫しながら支援する必要があります。知的障害者全体の1割程度を占めるのがダウン症です。日本全国の療育機関・保育所・幼稚園・学校・施設等に，必ず在籍しています。そのため，支援者・関係者にとっては，必ずダウン症のある子どもと接する機会があり，基本的な接し方や対応，療育，実践の工夫等を知りたい，学びたいというニーズは著しく高いと考えています。

　また，ダウン症のある子どもをもつ保護者・家族は，生後間もなく子どもの障害や支援ニーズ等が明らかになることから，家庭等で0歳という超早期から子育ての工夫や療育的な要素を取り入れた関わり方を実践していることが少なくありません。しかし，合併症は多様であり，健康面に留意しながら，うまくいかない子育てに悩んだり，その発達状況を心配したりすることも多いはずです。この点は，保育所や幼稚園，学校の保育者・教師も同様です。

　こうした悩みや心配に対して，「健康に留意した上で！」「子どももおとなも背伸びをせずに！」「楽しくなければ，やめればいい！」をモットーにして，①具体的な療育的要素を取り入れた子育て・保育・教育のプログラム，②さま

ざまな発達領域をカバーしたもの，③ダウン症児の発達と育ちが著しい0〜10歳（社会性とキャリア・余暇を育てるための支援プログラムは，19歳以降まで含む）の支援，等をシリーズで刊行することを企画しました。

『たのしくできるダウン症の発達支援 アセスメント＆プログラム』
第1巻　ことばを育てる
第2巻　知能を育てる
第3巻　元気な体をつくる
第4巻　社会性を育む

　本書はその第1巻「ことばを育てる」です。シリーズの中でも最初に手に取ってくださる方が多いのではと思います。ダウン症のある子どものことばを考える中で，一般的にいわれているダウン症児者の「明るく穏やか」「人懐っこい」等の性格特徴は，素晴らしい役割を果たします。ことばの土台として大切なのは「この人に伝えたい！」という思いだからです。人への関心・興味は，ことばの力を大きく伸ばします。それは，畑にたとえるなら「肥料がほどよく含まれた，ふかふかの土」です。そこへ，周囲のおとなや子どもたちとの関わり合いの中で「ことばの種」が蒔かれ，嵐でもなく極寒でもない，温かで穏やかな環境が保たれると，ジェスチャー等の非言語も含んだ「ことばという芽」が出るのです。

　本書の1章から3章は，コミュニケーションの概論からダウン症特有の言語発達，そして医療的問題と健康管理等，理解すべき知識に触れることができます。4章から6章は，ダウン症のある子どものことばを支える世界について，保育・教育，家庭，それぞれの立場から知ることができます。7章から9章は，実際にダウン症のあるお子さんを育てている先輩の声を聞いたり，具体的なプログラムを学んだりすることができます。「よくあるQ&A」も収載しました。このように，1章から9章まで，まずその大枠をつかみ，徐々に具体的なイメージがもてる（具体的に実践できる）構成にしています。そうはいっても，

今いちばん興味のあるところ，知りたいところから読み進めていただいてまったく問題ありません。特に，9章の支援プログラムについては，年齢に沿った順番で記載していますが，年齢によらず，お子さんの発達や興味に合わせて柔軟に取り入れていただけたらと思います。

本書は，ダウン症のある子どもの保護者，保育士・幼稚園教諭，特別支援学校教師，特別支援学級の教師，学童保育所指導員，療育センター指導員等，ダウン症のある子どもと直接関わりのある方に読んでいただくことを想定しています。ですが，支援者・関係者以外の方々にも読んでいただければ，それはむしろ望外の喜びです。ダウン症について理解する人が増えるということは，結果として，ダウン症のある子どもやおとなたちの世界がさらに広がることになるからです。

これからも私たちを取り巻く社会，環境は刻々と（あるいは劇的に）変化していくことでしょう。しかしながら，どのように社会や環境が変わろうとも，障害の有無にかかわらず相手への正しい理解があれば，私たちはともに手を取り，歩みを進められるはずです。

最後に，お忙しい中ご執筆いただいた皆様，ご協力いただき感謝いたします。また，出版にあたり福村出版編集部の方々にたいへんお世話になりました。関わってくだった皆様のお力添えあっての本書です。これからこの本が世に羽ばたき，社会の中で架け橋となって，ダウン症のある子どもやおとなへの理解が広がり，誰もが自分らしくいきいきと暮らせる社会になる，その一助となることを切に願っています。

2023 年 3 月 21 日世界ダウン症の日に

野元明日香／橋本創一

目　次

7章 | 子育ての体験から
「ダウン症があってもなくても，
子どもは子ども，自分は自分」 ································ 55

8章 | ことばの育ちを把握するための
アセスメント票 ····································· 64

1章

言語コミュニケーションの発達と育ち・学び

田中里実

1. 言語コミュニケーションを可能にするもの

　言語でコミュニケーションをとるためには，どのような力が必要なのでしょうか。

　たとえば，夕食の場面で考えてみましょう。「カレーおいしい？」という問いかけに，子どもが「おいしい。おかわりちょうだい」と答えたとします。時間にしたらほんの数秒のやりとりですが，このやりとりが成立するためには，次のようなプロセスを経る必要があります。まず子どもは「おいしい？」という問いかけ，すなわち音声情報を知覚しなければなりません。その後，「カレー」が何を指していて，「おいしい」がどのような意味かを理解する必要があります。その時点ですでに「おいしいな」と感じたり，「おかわりがほしいな」と考えたりしているかもしれません。その上で，問いかけの意図を理解し，それに適切な「おいしい。おかわりちょうだい」ということばを選択し，息を吸い口を正しく動かして，ことばとして伝えます。その際には，相手の目を見たり笑顔になったりといった，非言語的な表出も伴っているかもしれません。このようにさまざまな領域の発達が相互に作用して，言語でのコミュニケー

ションを可能にするのです。

本章では言語コミュニケーションに関わるさまざまな側面の発達について，概観していきます。

2. 言語発達に関わる体の機能とその発達

(1) 音を聞き取る，知覚する

人は胎生 30 週頃から，音の刺激に反応する力があり，聴覚能力が芽生え始めます（権藤，2017）。生まれて間もない新生児でも音に反応したり，1 か月頃になると声かけで泣き止んだりします。徐々に聞き取れる音の高さや大きさが広がっていき，4 歳頃に成人と同等の聴力に達することがいわれています（石田・大石，2016）。

また，話し声と他の音を聞き分けたり，養育者の声や母国語の音声を好んで聞いたりするともいわれており，生まれて間もなくから音の知覚はめざましい発達を遂げます（小椋，2015）。

(2) 発声する，発音する

発声には，肺，気管，咽頭，口，鼻等さまざまな器官の発達と機能が関係します。生後 2 か月から 4 か月頃に，「クー」や「グー」のようなクーイングといわれる音を出したり，持続的な笑い声をあげたりするようになり，6 か月頃に「ババババ」といった喃語が出現します。次の段階として喃語に抑揚や強弱がついて，何か話しているように聞こえるジャーゴンが出現します（権藤，2017）。

発音を正しく行うためには，咽頭や口唇，舌，顎等さまざまな器官が関係します。それらの器官が正常に発達，機能することに加えて，同時的に連動して運動すること，すなわち協調運動がなされることが必要になるため，発音は運動発達とも密接に関連しています。

3. 非言語コミュニケーション・社会性の側面の発達

人は生まれたばかりの，まだ言語でコミュニケーションをとることが可能になるはるか以前から，泣きや視線，表情，指さし等，さまざまな非言語的手段を用いてコミュニケーションをとっています。それらが言語でのコミュニケーションの土台となります。

（1）人に対する関心

人は，生まれて間もない頃から人の顔を他の物よりも注視する傾向があるといわれています。関連して，微笑みは生後早いうちから，まずは視覚的な刺激に対して起こり，5か月頃から人の顔を見て微笑むようになります（社会的微笑）。その後，養育者等，特定の対象と知らない人が区別できるようになると，7，8か月頃には人見知りも始まっていきます。

（2）二項関係から三項関係への発達

生後4か月頃まで，子どもの世界は自分と養育者との二項関係で成立しています。おもに泣くことで感情を表現し，微笑みや発声を通して養育者から反応をもらい，関係性をもっています。その後5か月前後に物への関心が芽生え出し，リーチング（物に手を伸ばす）をするようになります。この時期はまだ，人に関心を向ける時には人にだけ，物に関心を向ける時には物にだけ，というように人か物かいずれかとの二項関係しかもてない時期です（やまだ，2017）。

その後9か月頃から，自分－物－人の三項関係が芽生え「共同注意」が獲得されます。「共同注意」とは，相手が何に注意を向けているかを理解し，自分もそれに注意を向けたり，自分が注意を向けている物に相手の注意を向けさせたりすることをいいます（藤野，2020）。また指さしの獲得により，人が指さした物に注目を向ける，自分の関心のある物を指さして人の注意を向けようとする，ほしい物を指さして要求する，そして「りんご，どれ？」等と聞かれたこ

とに指さしで応えるといったことも徐々に可能となっていき，コミュニケーションの幅がぐんと広がっていくのです。このような発達は，相手の意図を理解しようとする，相手の意図に応じて行動するといった，社会性の発達にも密接に関わっています。

4. 言語発達に関わる認知面の発達

（1）象徴機能の獲得

　象徴機能とは，事物や事象（意味される物）をある別の物（意味する物）によって表象することを指し，この象徴機能の発達は言語発達に不可欠です。たとえば「バナナ」という語からその色や形をイメージできるのは，私たちはあの黄色く細長い果物を「バナナ」というシンボル（音や文字）に結びつけ，表象として理解しているからなのです。象徴機能の芽生えとして，生後8か月頃に手を振る行為が「バイバイ」であることを理解するようになります。また生後10か月頃から，積み木を車に見立てるといったことをするようになってきます。このような発達が徐々にことばというシンボルの理解につながっていくのです。

（2）模倣行動の発達

　人の行動を見てまねることは学習の一種であり，言語を学習する上でも重要な役割を果たします。三項関係の成立によって，おとながしていることと同じことをする模倣行動が増えていきます。小椋（2015）によると，模倣行動とことばの発達には相関があることが，これまで複数の研究で明らかになっているということです。

（3）「物の永続性」の獲得

　「ブーブどこ？」「こうえんいきたい」といったように，ことばは，いま目の前にない物を示すことができます。裏を返せば，「ブーブ」や「こうえん」は，

いま目の前にないけれど，存在し続けているのだということが理解されていなければ，このことばは出てきません。そのような，目の前から消えてもそれが存在し続けていると理解できる力を，「物の永続性」といいます。6か月頃から芽生え出し，9か月前後で獲得するとされます。

（4）カテゴリーの理解

カテゴリーの理解とは，複数の事物を何らかの意味で同じものとして扱ったり，同じ名前で呼んだりすることを示します（小椋，2015）。たとえば，異なる種類の犬を見ても，それらはすべて「いぬ」であると理解できることや，物の用途を理解できることの背景にはこのカテゴリーの理解が関わっており，言語の発達において欠かせない側面です。

5. 言語面の発達

ここまで見てきた体の発達，非言語コミュニケーション・社会性の発達，認知面の発達を基盤として，ことばの獲得が可能になっていきます。

（1）語の理解

ことばの獲得には理解の側面と表出の側面がありますが，まず理解が先行して発達します。日本語を母語とする子どもの場合，9か月頃から徐々に，「バイバイ」や「ちょうだい」「おいで」等日常生活でのやりとりに関わることばから理解をし始めます。また日常よく使用する幼児語や自分の名前，「ママ」「パパ」といった語も早期に理解され，生活に根差したことばから獲得がなされていきます（小椋，2015）。この時期は，文脈や話し手の声の調子，表情等も手がかりに場面依存的にことばを理解している段階です。象徴機能の発達に伴い，対象と語が結びつき有意味語の理解が増えていきます。

（2）語の表出から会話へ

　個人差がありますが，日本語を母語とする子どもの場合，通常 10 か月から15 か月頃に初語（初めて発する意味のある音声表出）を発します。理解の側面と同様に，表出においても日常生活に関連した語が先に獲得されていきます。表出語が 20 語に達するのがおよそ 1 歳半前後であることがいくつかの研究で示されており（久津木，2017），名詞がその多くを占めます。そして 1 歳半頃以降に「語彙の爆発」といわれる時期に入り，急速に表出語が増えていきます。この時期は二語文が出現し始める時期でもあります。

　その後，2 歳過ぎぐらいから「これは何色かな？」のような目の前にあることについてことばで答えることができるようになり，3 歳過ぎには過去のこと等，目の前にはないことについても話せるようになっていきます（石田・大石，2016）。このようにして，言語がコミュニケーションの手段となっていくのです。

（3）読み書きの力

　読み書きの力の獲得準備は，幼児期から始まります。文字に関心を示し，何となく自分の名前の文字を記号のように認識したり，文字にならない絵のような記号のような形を描いて，文字を書いているつもりになったりします。そのような読み書きの基盤となる力を，萌芽的リテラシーといいます。また音韻意識の発達も読み書きの基盤となる重要な要素です。音韻意識とは，たとえば「りんご」という語は「り・ん・ご」という 3 音で成り立っているということが理解できることを示し，一般に 4 歳頃から芽生え始めます。しりとりは，この音韻意識の理解があって可能となる遊びといえます。その後，5 〜 8 歳頃に音と文字との対応が可能となり，読みや書きを徐々に習得していきます。そして 8，9 歳頃には，単語のまとまりを捉えて読み書きが可能になり，まとまり読みがスムーズになるといわれています（川崎，2020）。

　読む力は，見た文字を音として理解するデコーディングの側面と，内容を理解する読解の側面があります。書く力については，田中（2005）によれば，文

字は絵とは異なる表現手段であること，記号を音に変換できて意味を伴うことといった表記規則の理解と，仮名1つに対し1つの音が対応し，それを並べることにより話しことばと同じように意味を表現できるといった対応規則の理解が必要であり，前者は4，5歳頃，後者は6歳頃に発達します。

　読み書きは思考を発展させ，行動のコントロールや自我の形成にも大きな役割を果たし，心的世界を広げます。

6. まとめ

　ここまで見てきたように，言語コミュニケーションの力は，さまざまな要素が相互に絡み合いながら育っていきます。自分の思いを伝えたり，他者と楽しくやりとりをしたり，生活で活用できることばの発達を目指すには，言語面のみの発達にとらわれることなく，体の発達や運動発達，認知面，非言語コミュニケーションや社会性をまんべんなく育てていくことが大切です。

［文　献］

藤野　博（2020）．認知の発達．秦野悦子・近藤清美（編），発達心理学（pp.58-71）．医歯薬出版株式会社

権藤桂子（2017）．音声の理解と産出の発達．秦野悦子・高橋　登（編著），言語発達とその支援（pp.44-62）．ミネルヴァ書房

石田宏代・大石敬子（2016）．標準的言語発達．石田宏代・石坂郁代（編），言語聴覚士のための言語発達障害学第2版（pp.9-32）．医歯薬出版株式会社

川崎聡大（2020）．リテラシーの発達．秦野悦子・近藤清美（編），発達心理学（pp.98-110）．医歯薬出版株式会社

久津木 文（2017）．話し言葉の発達．秦野悦子・高橋　登（編著），言語発達とその支援（pp.65-89）．ミネルヴァ書房

小椋たみ子（2015）．ことばとは何か？ ── ことばの役割・領域・獲得理論．小椋たみ子・小山　正・水野久美（著），乳幼児期のことばの発達とその遅れ ── 保育・発達を学ぶ人のための基礎知識（pp.15-40）．ミネルヴァ書房

大石敬子（2003）．発達障害にともなう言語の問題．小児神経科学の進歩, *32*, 97-105.

小野里美帆（2020）．言語とコミュニケーションの発達．秦野悦子・近藤清美（編），発達心理学（pp.84-97）．医歯薬出版株式会社

田中裕美子（2005）．読み・書きの発達．岩立志津夫・小椋たみ子（編），よくわかる言語発達（pp.58-61）．ミネルヴァ書房

やまだようこ（2017）．前言語期のコミュニケーション．秦野悦子・高橋 登（編著），言語発達とその支援（pp.65-89）．ミネルヴァ書房

2章

ダウン症にみられる言語発達障害と支援ニーズ

杉岡千宏

1. ダウン症児の言語面の特徴について

（1）ことばの発達とは

　ことばの発達は，その時期の全般的な発達を基礎として，それぞれが密接に関連しながらなされます。人との関わりや経験・体験，物や事柄を理解すること等の土台から，順番に着実に育っていくことが大切であるといわれています。また，前言語期からの家庭を基盤としたコミュニケーション発達支援が重要です。乳児期の泣き声やカタコトの発声による「発信」に，家族がていねいに話しかけ，子どもの反応を引き出すというような，「応答」することでコミュニケーションが始まります。このようなやりとりからことばの練習が始まっています。また，言語の発達は，それに先行する身振り等の非言語的コミュニケーションの発達と関連するといわれています。

（2）ダウン症児のことばの発達

　ダウン症児のことばの発達は，他の領域の発達に比べて全体的にゆっくりであるといわれています。ダウン症児の言語発達に関して，「言われていること

は理解できているのに，ことばが出ない」「発音がはっきりしない」という悩みを耳にします。そこで，まずは，ことばのもつさまざまな機能について紹介したいと思います。ことばには，「物に名前をつける道具としての機能」の他にも，重要な機能があります。「意思や感情を表す道具としての機能」や，「コミュニケーションの手段としての機能」といった，共感やコミュニケーションを育む機能です。ことばの発達のゆっくりさや発音の不明瞭さに重点を置きすぎて，おとな主導で語彙を増やす関わりをしたり，発音の不明瞭な部分について細かく指摘するというよりも，「○○したい」「○○を伝えたい」という意欲を尊重して育てることがポイントといえるでしょう。

　また，ことばの発達は，大きく3つの要因によって支えられていると捉えることができます。その3つの要因とは，相手に要求や気持ちを伝えたいという親密な「対人関係」，伝えようとする事物を十分に経験し，それらを概念とするための「認知能力」，正確に音声を発するよう構音器官をコントロールする「運動能力」です。

（3）ことばを支える3つの要因ごとのダウン症児の強みと弱み

　ダウン症児のことばの発達に関しては，言語のさまざまな側面の研究が積み重ねられてきました。いまだ不明な点も多いことが指摘されていますが，ダウン症のある子どもの発達特性が影響している可能性が指摘されています。発達特性の研究知見から強みと弱みが報告されています。強みと弱みにはそれぞれ個人差がありますが，ことばを支える3つの要因ごとに，ダウン症児の強み・弱みを整理しました（表2-1）。

（4）ダウン症児特有の言語面の特徴

　ダウン症児のことばの発達の遅れは，他の知的障害児の言語発達の遅れと同じように，基本的には知的発達の障害程度と関連しており，知的発達の遅れが軽度な場合は言語発達も良好であり，重度の場合には言語発達も遅れが顕著で発話がないこともあります。

表 2-1　ダウン症児の強み・弱み

	強み	弱み
対人関係	素直さ 社交的 明朗活発 模倣がうまい 表情豊か	頑固さ 切り替えの悪さ 過緊張 過剰適応
認知能力	長期記憶 （エピソード記憶） 視覚的認知 知覚推理	短期記憶 聴覚的認知 処理速度
運動能力	表現力 （ダンスや絵画等，芸術的知能の高さ）	合併症，低体力，平衡機能，動作緩慢，口腔周辺の筋緊張低下，口腔器官の形状変異

(大伴 潔ら，2019)

　しかし，これまでの研究から，ダウン症児のことばの問題は他の知的障害児とは異なる，特有の特徴があることも明らかになっています。言語理解に比べて言語表出が遅れることや，語彙と統語（文の構造）の理解では語彙の発達が先行するということが挙げられます。ダウン症児の発達特性である構音器官の形状変異や微細な協調運動の困難等，いくつかの要因による発音の不明瞭さがあることで，表出面の困難の制約が生じる可能性があります。

　また，言語習得以前のコミュニケーションに関しては，知的障害に特有の反応の緩やかさ，未熟さがあるものの，対人関係・コミュニケーション自体の認識があること，そして，ダウン症児が音声言語獲得以前から対人関係を理解し，言語表出の遅れを身振りで補うことや，身振りが音声言語表出へとつながる可能性について報告している研究があります。一方で，ダウン症乳幼児の伝達行為では，自分が欲しい物がある時に，物に手を伸ばし，おとなを見て「アーアー」等と声を出しておとなに依頼する等の「要求伝達行為」の発達が遅れる傾向があるといわれています。また，ダウン症乳幼児はアイコンタクトから共同注意を主導することが少なく，おとなからコメントを引き出しにくいといえます。身振りでのコミュニケーション，そして，それが言語表出へとつながると

いった側面には，友好的な人との関わり合いや模倣のうまさといったダウン症児の強みが関連しているとも考えられますが，一方で，実は主体的に要求をすること等は難しさがあるといった側面もあります。家庭や保育・教育場面で，自分の要求意図を分かりやすく伝えられているか，豊かにやりとりが行われているかについては十分に配慮する必要があります。

2．言語発達における支援ニーズについて

　本章では，発音不明瞭に着目して，その対応について紹介します。発音練習をする以外にもさまざまなアプローチがあります。

　ダウン症のある子どもの多くに，聴力・語音の認知能力・口腔周辺の筋緊張低下・口腔器官の形状変異等があり，各部分に多かれ少なかれ問題がみられます。複合的な原因によるものが少なくないといわれています。発音不明瞭なために，意思の伝達がうまくいかず，コミュニケーション意欲が低下してしまうことや，周囲とのトラブルになってしまうことがあるかもしれません。しかし，ダウン症児の構音障害，言語・コミュニケーションの発達や指導法に関する研究は多くありません。また，ダウン症特有の特性があるとはいえ，知的能力や行動特性，認知特性には個人差があり，さまざまな発達をみせるといえます。そのため，日々のやりとりの中で効果的な関わり方を実施していくことが大切であるといえます。

　現実の言語生活では，ことばを用いていかに意思や情報が表現できるかが重要であるといえます。そこで，最も大切にすべきことは，ダウン症のある子どもの「話したい」「表現したい」といった意欲を尊重して育てることです。ですので，間違いばかりを指摘せず，根気強く，長い目で見て支援すること，「話したい」という意欲を大切にすることが支援のポイントといえるでしょう。ここでは，発音不明瞭に関して，摂食指導によるアプローチ，サイン指導によるアプローチ，文字の学習によるアプローチといった3つのアプローチについて紹介します。

（1）摂食指導からのアプローチ

　発音指導における運動面からのアプローチとして，摂食指導を通した取り組みも有効であるといわれています。家庭での食事場面において舌や口唇の機能を高めるために，たとえば，①食べ物を丸飲みにせずよく噛む，②口唇をしっかり閉じて水分や食べ物を飲み込む，③ストローを上下の唇で押さえ，吸い込むように仕向ける等の指導が有効的といわれています。

　専門の先生，たとえば，歯科，口腔外科，リハビリテーション科，療育センターの摂食外来，外来窓口等と相談しながら，子どもの実態に合わせて進めていくとよいでしょう。

（2）サイン指導によるアプローチ

　ダウン症児は音声言語に対する反応が不明確な場合でも，サインにはよく反応し模倣することができる場合があります。また，トータルコミュニケーション（身振りサインと音声言語を同時に用いる方法）が音声言語表出の学習を妨げることはなく，特に理解や表出意欲があるにもかかわらず初語に至らないタイプのダウン症児に対して，音声言語表出までの代替コミュニケーションとして有効であるといわれています。

（3）文字の学習によるアプローチ

　いつも決まった単語を間違えて発音するのは，細かい音の分析機能が未熟で，1音ずつの区切りがまだ不十分なため，単語をひとかたまりのことばとして捉えていることによると考えられます。文字が読めるようになると，1つ1つの文字に対応して「音」があることが分かり，少しずつ「音」の違いを認識するようになり，同時に耳での聞き分けも発達していきます。

[文　献]

藤田弘子・大橋博文（2007）．ダウン症児すこやかノート ── 成長発達の手引きと
　　記録．メディカ出版

池田由紀江（2000）．ダウン症児の早期教育プログラム ── 0歳から6歳までの発達
　　と指導．ぶどう社

池田由紀江（2007）．ダウン症のすべてがわかる本．講談社

池田由紀江・菅野 敦・玉井邦夫・橋本創一（2005）．ダウン症ハンドブック．日本文
　　化科学社

池田由紀江・菅野 敦・橋本創一（2010）．新ダウン症児のことばを育てる ── 生活
　　と遊びのなかで．福村出版

水田めぐみ（2018）．ダウン症児の言語・コミュニケーションの特徴とインリアル・
　　アプローチによる療育．脳と発達，*50*，115-120.

日本ダウン症協会（2016）．ダウン症miniブック　先生だいすき！友だちだいすき！
　　学齢期の子どもと関わる方々のために．日本ダウン症協会

長崎 勤・池田由紀江（1982）．発達遅延乳幼児における前言語活動 ── ダウン症乳
　　幼児と正常乳幼児の要求場面での伝達行為の分析．発達障害研究，*2*，34-43.

長崎 勤・小野里美帆（1996）．コミュニケーションの発達と指導プログラム ── 発
　　達に遅れをもつ乳幼児のために．日本文化科学社

大伴 潔（2006）．障害と言語発達　心理学評論，*49*(1)，141-152.

大伴 潔・林 安紀子・橋本創一（2019）．言語・コミュニケーション発達の理解と支
　　援 ── LCスケールを活用したアプローチ．学苑社

斉藤佐和子（2002）．ダウン症児者の言語発達に関する最近の研究．聴能言語学研究，
　　19，1-10.

3章

医療的問題と治療，健康管理

小松知子

ダウン症児は顎顔面の形態や機能にさまざまな特徴があり，これらはことばや食べる機能の発達に大きな影響を及ぼします。健全な発達を促すためにはこれらの特徴を理解した上で，歯科疾患の予防や摂食・嚥下機能，構音機能の発達支援に役立てることが重要です。

1. ダウン症児の顎顔面の特徴的所見

ダウン症はさまざまな特徴的な口腔所見（図3-1）を示します。定型発達児と比較して乳歯から永久歯への生え替わりが遅く，先天的に欠如する歯や癒合した歯等の形態異常の割合も高いです。舌は筋緊張低下により弛緩しており，口腔の容積に比較して大きいです。舌が挺出した状態が続くと上下顎の前歯が噛み合わない「開咬」と呼ばれる状態を呈します。また，上顎の発育が悪いため，上顎前歯の生えるスペースが少なくなり，歯並びが乱れた「叢生」と呼ばれる状態や，下顎前歯が上顎前歯より前方に出た噛み合わせになる「反対咬合」になりやすいです。さらに，上顎の成長は前後的に悪いだけでなく，幅も狭くなっていることが多く，口蓋は深くて狭い狭（高）口蓋を呈し，鼻腔も狭窄することから鼻呼吸が困難となります。さらに，呼吸器系の疾患の罹患率も

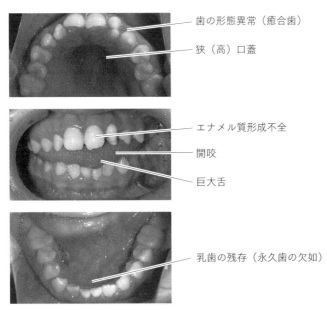

歯の形態異常（癒合歯）

狭（高）口蓋

エナメル質形成不全

開咬

巨大舌

乳歯の残存（永久歯の欠如）

図3-1　ダウン症の口腔の特徴（13歳男子　口腔内写真）

高く，口呼吸を助長します。口呼吸が原因で，口蓋扁桃肥大や咽頭扁桃肥大
（アデノイド），鼻粘膜の肥厚がみられることも多く，これらがさらに鼻腔や咽
頭の狭窄を招きます。このように，ダウン症では，歯列不正等を含めた顎顔面
の形態の異常による呼吸状態の悪化が，構音や嚥下機能にも影響を与えていま
す。

2．歯科疾患（う蝕・歯周病）とその予防

　おもな口腔に関する疾患はう蝕と歯周病です。これらの疾患の進行は，ダウ
ン症の特性と幼少期からの日常の歯磨きを中心とした口腔ケアの状態と食生活
習慣等に左右され，成人期以降の口腔の健常性だけでなく，生涯にわたる
QOLにも影響を及ぼします。
　う蝕は，ミュータンス菌という細菌が口から摂取した飲食物に含まれる糖分

をエネルギーとして増殖し，歯の表面にバイオフィルム（プラーク）という細菌の塊を形成します。これがう蝕の発症および進行の最大の原因となります。これに加えて，生活習慣等の環境要因と歯の質，歯並び，唾液，全身疾患等の宿主要因が関与します。偏食等により，栄養バランスが崩れ，歯の石灰化が十分でない場合や，歯列不正等により歯磨きが困難な状況のダウン症児では，う蝕になりやすいといえます。う蝕を予防するために，規則正しい食生活，バランスのよい食事の摂取，食後の歯磨きの励行を心がけることが大切です。

　歯周病は歯を支える歯茎（歯肉）や骨（歯槽骨）が壊され，進行すると歯が脱落する疾患です。歯周病の原因は歯と歯茎の隙間（歯周ポケット）に付着したバイオフィルム形成による微生物要因，生活習慣に関連した環境要因，免疫機能の低下や遺伝等の内的要因の3つの要因が関連して発症し，進行します。ダウン症は小児期から歯肉炎を発症し，早期から歯周炎が重症化することが知られ，歯周病が進行し歯を喪失すると，嚙むことが十分できなくなり，それに伴い全身の機能も低下してしまうことも少なくありません。ダウン症の歯周炎の増悪は宿主要因が大きく関与し，特に免疫機能の異常，酸化ストレスの亢進（Komatsu & Lee, 2014）や歯列不正，短い歯根，口唇閉鎖不全等の特有な形態異常等が挙げられます。

　う蝕・歯周病の予防は日常の口腔ケアが基本です。ダウン症児の育児や生活支援を重視し，ダウン症児の特性を理解して，セルフケアの習慣化を定着させることが大切です。さらにセルフケアだけでは不十分なため，保護者等の介助者による磨き直し（仕上げ磨き）を行う必要があります。多くの合併疾患等が伴いやすいダウン症児では，乳幼児期には合併疾患への対応に追われ，幼児期までに基本的な歯磨き習慣が確立していない場合も多いです。歯磨きを日常生活に密着した習慣として定着させるためには，本人を取り巻く歯科，家庭，療育，福祉施設等，他者との連携が必要な場合もあり，途切れることのない一貫した歯磨き支援体制を整えることが大切です。さらに，かかりつけ医に定期的かつ継続して受診し，専門的な口腔ケアを受けることで，う蝕や歯周病の予防を心がけることも大切となります。

3. ダウン症児の食べる機能の発達と特徴

　子どもは，毎日の食事を通して，食材や調理法によってさまざまに変化する形や食感を体験しながら，食べる機能を発達させ，安全に楽しく食べることを学んでいきます。特に乳幼児期は，「食べる機能」の基礎を築く大切な時期です。定型発達のお子さんでは成長とともに，哺乳の際にみられる舌を突出しながら行う「乳児嚥下」から「成人嚥下」に移行していきます。さらに，適量を口の中に取り込むこと，食べ物の硬さに合わせて押し潰しやすり潰しができるようになり，咀嚼機能も発達していきます。また，自分で食べ物を目で見て，手指でつかんで，口へ運ぶ動作や，スプーンや箸等の道具を使って食べること等も毎日の食事を通して獲得していきます。

　しかしながら，ダウン症のお子さんでは，全身の筋緊張の低下や感覚の異常，視力や聴力の障害，呼吸器系疾患等を合併することも多く，また，鼻腔，口腔の構造上の異常等が，食べる機能の発達にさまざまな影響を及ぼします。

　咀嚼力の弱さ，巧緻性の未熟さ，咬合状態の不良等により，食塊形成が十分にできず，丸飲み等が問題となります。食べ物が口腔粘膜や歯に触れられる感覚に対して過敏になっている状態や，逆に感覚が鈍くなっている状態では，咀嚼すべき物性の食物であるにもかかわらず，丸飲みしてしまうことが多々あります。

　また，鼻腔の狭窄や口腔の構造上と呼吸の問題により，しばしば，「逆嚥下」「舌突出型嚥下」等の異常嚥下癖がみられます。「逆嚥下」とは乳児嚥下が極端になった状態であり，上下の歯の間に舌を介在させ，突出したまま，嘔吐するかのように舌の奥を押し広げて食べ物を飲み込む症状です。これは，食事中の誤嚥や窒息のリスク因子になります。一方で，成人嚥下が獲得されていても，食物を口腔内で処理する過程や嚥下の直後に舌突出がみられるお子さんもいます。食べ物を取り込む時の舌の突出や逆嚥下等の症状がなく，舌や下顎がしっかり側方に安定した動きができる場合は，咀嚼機能の発達を促していくことが

大切です。

また，哺乳期間が長く続いたお子さんや，早期からストローを使用することにより，哺乳の時と同じように舌を前後に動かしながらチュチュと吸うような動きが残存してしまうことも多いです。

表3-1にダウン症児の運動，言語，社会性の発達のマイルストーン（諏訪，

表 3-1　発達のマイルストーン

	マイルストーン	ダウン症児の達成時期	一般的な達成時期
粗大運動	ひとりで座る はいはい つかまり立ち 独歩	6〜30か月 8〜22か月 1〜3.25歳 1〜4歳	5〜9か月 6〜11か月 8〜17か月 9〜18か月
言語	初語 二語文	1〜4歳 2〜7.5歳	1〜3歳 15〜32か月
社会性	反応して笑う 手で食べる コップで飲む スプーンを使う 排便 洋服を着る	1.5〜5か月 10〜20か月 12〜32か月 13〜39か月 2〜7歳 3.5〜8.5歳	1〜3か月 7〜14か月 9〜17か月 12〜20か月 16〜42か月 3.25〜5歳

（諏訪まゆみ，2021）

表 3-2　離乳の進め方の目安

	離乳初期	離乳中期	離乳後期	離乳完了期
摂食機能の目安	口を閉じて取り込みや飲み込みができるようになる	舌と上顎で押し潰しができるようになる	歯茎ですり潰しができるようになる	歯を使うようになる
歯の萌出の目安		乳歯が生え始める	1歳前後で前歯8本が生えそろう 離乳完了期の後半頃に奥歯（第一乳臼歯）が生え始める	
月齢の目安（定型発達児）	生後5〜6か月頃	生後7〜8か月頃	生後9〜11か月頃	生後12〜18か月頃

（五十嵐隆，2020 より一部改変）

2021）を示しますが，ダウン症児は，一般的な達成時期より遅れます。全般的に緩やかな発達経過をとり，摂食嚥下機能の発達も同様に遅延することが多いです。逆嚥下や丸飲み，チュチュ食べ等を避けるために，早期から関わりをもち，表3-2に示した「離乳の進め方の目安」（五十嵐，2020）を参考にして，定型発達に沿うような摂食嚥下機能の獲得を目指すことが大切です。

4．ダウン症児の言語，発声，発語の発達に及ぼす影響

　音声は，肺から吐き出される空気の流れ（呼気）を用いて，喉頭にある声帯を振動させることによって生じます。それをもとに，より上方にあるさまざまな器官（構音器官）が協調して働くことにより，いわゆる「話し言葉（音声言語）」が作り出されます（図3-2）。これら音声言語における障害は，音声言語を作る段階としての発声，構音，流暢性（「末梢性の出力系」）の問題に加え，言語を理解・表出する段階（「中枢性の入力系」）の問題も関係しています。

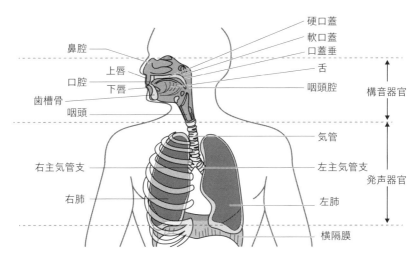

図 3-2　音声器官（構音器官＋発声器官）
（https://note.com/anatomic_study/n/nb7df39e4420f を改変）

　ダウン症児では，特に構音障害が高い頻度で認められます。ダウン症児の構音障害は，構音器官の形態異常や運動機能の低さによる「末梢性の出力系」の問題と，知的な遅れ，単語聴取力，音節分解能力，聴覚的記憶力の低下等，語音認知や聴覚に関与する機能における「中枢性の入力系」の問題（石田，1999），そしてしばしば合併する聴覚障害等，複数の要因が複雑に影響し合っています。そのため，いわゆる機能的構音障害児のように，語音がスムーズに獲得され，誤りが系統的に改善されるといったことはありません（西村ら，1997）。

　ダウン症児の構音器官の器質的な問題としては，構音器官である喉頭，咽頭，口腔，鼻腔の形態異常があります。機能的な問題としては，運動発達の遅れや筋緊張の低下による舌・口唇運動機能の獲得の遅れ等により各口腔諸器官の協調運動パターンが不安定な状態となることです。さらに，呼吸と発声のバランスが適切にとれない等が挙げられています。これらにより摩擦音，破擦音，弾音等の構音に誤りを生じやすく，明瞭度が低くなります。さらに，音節レベルで獲得された語音であっても，語内・文内での構音には恒常性がないため，誤りやすいです。「中枢性の入力系」の問題としては，知的障害があるため，聴覚処理を経て言語を理解する能力の障害，本人が発する音と他者から聞こえた音が同じだと認識すること等の情報処理能力の低さ等があります。

　以上のように，ダウン症では，構音器官の形態異常や機能障害，音声言語の入力系の問題により，表出言語の遅れ（言語障害）や言語の不明瞭さがしばしば問題になります。

　この音声言語障害は，語彙や文を獲得したダウン症児が他者との会話の際に，聞き手がその語や文を推測できないという問題を生じます。そのため，個々の構音の特徴を捉え，構音の発達を促しながら，他者との良好なコミュニケーション手段として言語が使用できるようになることを目指すことが大切となります。

[文　献]

五十嵐 隆（2020）．授乳・離乳の支援ガイド（2019 年改定版）実践の手引き（初版）．
　　母子衛生研究会

石田宏代（1999）．ダウン症児の発語の明瞭さと音韻意識との関連．特殊教育学研究，
　　36(5)，17-23.

Komatsu, T., & Lee, MC. (2014). Chapter 15; Oxidative Stress and Periodontal
　　Disease in Down Syndrome. In D. Ekuni, M. Battino, T. Tomofuji, EE. Putnins
　　(Eds.), *Studies on Periodontal Disease Oxidative Stress in Applied Basic
　　Research and Clinical Practice* (pp. 211-223). Totowa, NJ: Humana Press
　　Springer.

西村辨作・綿巻 徹・原 幸一（1997）．ダウン症児にみられた構音障害の継時的分析．
　　特殊教育学研究．*35*(3)，21-31.

諏訪まゆみ（2021）．ダウン症のすべて．中外医学社

4章

療育・保育・幼児教育・学校・民間療育・放課後等デイサービスにおけることばを育てる関わり（集団の中での育ち）

村梶夏希

1. 集団の中でのことばを育てる関わり

　ダウン症のある子どもは人との関わりを好むことが多く，ゆっくりではありますが，社会性を身につけていきます。幼児期や学童期になり，集団生活を経験すると，園や療育施設，学校で，みんなの輪の中にいること自体は楽しめることが多いです。しかし，子どもの人数が多いと圧倒されてしまったり，みんなのペースについていくのが難しかったりすることもあります。また，集団生活を通して，活動の流れに沿って行動したり，先生の話を聞いたり，友だちが話している様子を見たりする中で，分かることばが少しずつ増えていきます。それに伴って，ことばの語尾を言うようになる等，ことばで伝える土台作りも，それぞれのお子さんのペースで少しずつ進んでいきます。その一方で，集団の中では，なかなか要求や気持ちを自分から誰かに伝えられないこともあります。家庭の中ではうまく伝えられるのに，集団の中ではうまく伝えられないということも少なくありません。

　集団の中でことばを育てるためには，コミュニケーション意欲を育てることが大切です。集団の中で人と関わることやみんなと一緒に何かをすることが楽

しいと実感する経験を積み重ねると，「もっと分かりたい」「もっと伝えたい」という気持ちが芽生えます。また，みんなの中で成功体験を積み重ねることも大切です。みんなと一緒に手遊びができた，友だちに「入れて」と言えたといった1つ1つの「できた」の積み重ねが，次のコミュニケーションのモチベーションになります。さらに，その成功体験を先生にほめられたり，友だちの中で認められたりすることで，ますますコミュニケーションに対して意欲的になっていきます（図4-1）。ダウン症のある子どもは，集団の中で，先生や友だちと関わりたいという気持ちがみられることが多いので，集団の場は，ことばを育てることに適しています。ただし，ダウン症のある子どもたち1人1人を見てみると，誰にでも愛想よく話しかける子，ジェスチャーが上手な子，自分のペースで黙々と遊ぶのが好きな子等，ことばを含めた発達のペースや行動の特性は非常に個人差が大きいです。この個人差を正しく理解して，1人1人にあった集団の中でのことばの育ちを考えていくことも必要です。

では，ダウン症のある子どもたちにとって，具体的にはどのような関わりが集団の中でのことばを育てていくのでしょうか。集団活動に参加する，おとな

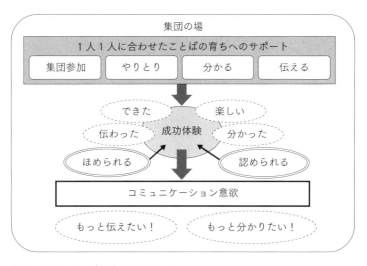

図 4-1　集団の中でことばを育てる関わり

や友だちとやりとりする，ことばを理解する，ことばで伝えるという視点から，関わり方のポイントを考えてみましょう。

2．集団活動に参加するための関わり

　集団活動に興味をもって参加し，楽しめることが大切です。集団活動自体を分かりやすくするための環境設定や関わり方の工夫が望ましいでしょう。活動の流れを一定にし，それを繰り返し経験すると，見通しをもちやすくなり，安心して積極的に活動に参加できるようになってきます。ダウン症のある子どもたちの多くは，音声言語という耳からの情報のみよりも，ジェスチャーや写真，絵といった目からの情報の方が捉えやすいため，視覚的手がかりを用いて，予定や手順が見て分かるような工夫を行うとよいでしょう（図4-2）。ただし，集団に慣れるのに時間がかかることもあります。その場合はおとなとの一対一での信頼関係作りからスタートし，徐々に他のおとなや友だちに広げていくようにするとよいでしょう。

　児童発達支援や放課後等デイサービスといった療育の場においては，ことばだけではなく，運動面や認知面の発達レベルも考慮したグループ分けや活動内容の設定があると，1人1人にあったやり方で活動に参加する経験を積み重ねることができます。保育園や幼稚園，学童保育等の定型発達の子どもたちと一緒に過ごす集団の場

図4-2　視覚的手がかりの例

合には，個別に，活動の流れや内容をその子にとって分かりやすく伝える関わりも大切です。全体の話の前後に声をかけたり，１つの活動が終わるごとに次の活動を伝えたりすると分かりやすくなります。先生やお手本となる友だちの近くで活動するのもよいでしょう。初めのうちは先生や友だちと一緒に取り組んで，少しずつ１人で行う部分を増やしていくと，「できた」と実感しながら集団活動に参加することができます。

3．やりとりを促すための関わり

　集団活動の中ではさまざまなやりとりが生まれます。物の貸し借りの時に，「貸して」「どうぞ」，遊びに入れてもらう時に，「入れて」「いいよ」等，やりとりの際にはたくさんのことばが使われます。ひとり遊びが中心の時期から成長してくると，友だちが楽しそうにおもちゃで遊んでいるのを見て，そのおもちゃをほしがったり，みんなが遊んでいる様子をじっと見て，輪に入りたそうにしたりするようになります。このような場面はやりとりを学ぶチャンスです。おとなが仲介して，やりとりのためのことばを教えていきましょう。音声言語にこだわらず，ジェスチャーやサインを活用すると，やりとりにより参加しやすくなります。その子どもの言いたいことをおとなが汲み取って簡単な短い表現で代弁しながら，ジェスチャーの手本を見せます。ダウン症のある子どもは，人の動きやジェスチャーのまねが得意なので，このようにおとなが適切なやりとりの仕方の手本を見せ，その言い方やジェスチャーをまねすることで，状況にあったやりとりを学んでいくことができます。

　児童発達支援や放課後等デイサービスといった療育の場では，貸し借りのやりとりが生まれるように，あえておもちゃを少なくしたり，物を手渡したり仲間に入ったりする手遊び歌や集団遊びをしたり，やりとりを促すような環境や活動内容を工夫することで，楽しみながらやりとりを学ぶことができます。保育園や幼稚園，学童保育等の定型発達の子どもたちと一緒に過ごす集団の場合には，友だちのするやりとりの手本を間近でたくさん見ることができます。見

て学んだやりとりは，すぐに集団の中で発揮することが難しくても，少しずつ知識として蓄積されていきます。集団活動の場では，おとなが気持ちや要求を代弁して，やりとりの仕方を教えていく仲介役を担えるとよいでしょう。みんなの中でやりとりできたという成功体験が大切です。

4．ことばを理解するための関わり

　理解できることばを増やすためには「分かった」と思える経験が大切です。集団活動の場でのコミュニケーションはことばが使われることがほとんどです。先生の指示内容や友だちの話を理解するためには，名詞や動詞，形容詞といったたくさんの種類のことばを理解する必要があります。集団自体に慣れて，生活の流れが分かってくると，文脈の中でことばを理解するようになってきます。たとえば，お腹が空いてきた頃に，先生がエプロンをつけて「きゅうしょく」と言うと，その後はいつもごはんを食べる時間になるので，「きゅうしょく」はごはんを食べる時間のことだと分かるようになっていきます。このような同じパターンの集団生活を繰り返し経験し，少しずつ分かることばが増えていきます。

　ダウン症のある子どもは，名詞に比べて動詞や形容詞の獲得が少ない傾向があります。子どもの目線に合わせて，その時に持っている物や見ている物といった物の名前をことばにする関わりは大切です。さらに，動作や様子，気持ちを表すことばも意識して伝えていくと，分かることばがより広がります。

　児童発達支援や放課後等デイサービスといった療育の場においては，発達段階に合わせてことばの理解を促す指導が行われています。カードや絵本，手遊び歌，集団遊び等を繰り返し行うことによって，見て，聞いて，体感して，さまざまな感覚を活用しながら，分かることばを増やしていきます。保育園や幼稚園，学童保育等の定型発達の子どもたちと一緒に過ごす集団の場合には，たくさんのことばのシャワーを浴びながら，友だちのことばを聞いて，行動を見て，ことばを学んでいきます。友だちのまねが上手にできていても，先生のこ

図4-3　集団の中で一斉指示の後に個別に声をかける

とばの意味や指示の内容自体を十分理解しきれないこともあります。一斉指示
に加えて，1つずつ，短く簡単なことばで伝えると，理解を促すことができる
でしょう（図4-3）。ことばを理解し，理解したことを行動に移し，それをほめ
られることで，自分の力で分かってできたという成功体験ができます。成功体
験は「分かる」という自信を育てていきます。

5．ことばで伝えるための関わり

　ことばで伝えるための基盤は，相手に「伝えたい」という気持ちです。ダウ
ン症のある子どもたちは，特に話しことばの発達が遅れますが，対人関係は良
好であることが多いので，集団生活の中で先生や友だちの活発なおしゃべりを
聞いて，「話したい」「伝えたい」という気持ちを増やしてきます。私たちが行
うコミュニケーションのほとんどは，音声言語が使われています。ダウン症の
ある子どもたちの場合，コミュニケーションの意欲が十分にあっても，それを
表現する手段（つまりことばを話すこと）でつまずき，うまく伝えられないフラ
ストレーションを抱くことも少なくありません。伝えるためのことばは，音声
言語にこだわらず，ジェスチャーやサイン，絵カード等を活用して，「伝わっ
た」という成功体験や伝える楽しさを実感することが大切です。ことばで話す

ことが活発になっても，発音の不明瞭さや言い方の誤りがある場合も多くあります。無理に言い直しをさせたり，否定的に修正したりするのではなく，おとなが正しい発音や言い方の手本を示して，それをまねることで，より上手な話し方を学んでいけるとよいでしょう。

　また，ダウン症のある子どもたちの中には，環境の変化に敏感で，みんなの前で話す場面になると，緊張してうまく話せなくなる子どももいます。家庭でうまく話せるのだから，みんなの前でも話せるはずと思わずに，スモールステップで進めていくことが大切です。また，集団活動を繰り返し経験していくことで，好きな活動ややりたい役割を見つけていくことがあります。それは，自分から「やってみたい」と集団の中で伝えようとする力になります。

　児童発達支援や放課後等デイサービスといった療育の場では，分かりやすい環境の中で，サインや絵カードを使った伝え方を学んだり，少人数の安心できる人との関わりの中で繰り返し伝える経験をしたり，1人1人に合わせたコミュニケーション手段を活用して，その子どもにとっての「ことば」を伝える経験を積み重ねることができます。

　保育園や幼稚園，学童保育等の定型発達の子どもたちと一緒に過ごす集団の場合には特に，友だちや先生とうまくことばで伝え合えるように，おとなが橋

表4-1　集団の中でのことばを育てる関わりのポイント

集団活動に参加する	集団活動自体を分かりやすく→見通し→安心 見て分かるように（ジェスチャー，写真，絵等） おとなとの一対一での信頼関係作りから
やりとりを促す	おとなが仲介して，やりとりのためのことばを教える 音声言語にこだわらず，ジェスチャーやサインを活用 ことば・ジェスチャーのまね
ことばを理解する	集団生活の流れの中でことばの理解を増やす 子どもの目線に合わせて，おとながことばにして伝える 動詞・形容詞を意識した声かけを
ことばで伝える	「伝わった」という成功体験や伝える楽しさを実感 無理な言い直し・否定的な修正には注意→適切な手本を示す スモールステップでうまく伝えられた経験を

渡し役をすることが大切です。また，ことばで話すことが活発になってきたら，無理のない範囲でみんなの中でもことばで表現するように促し，ことばでやりとりする楽しさを味わえるとよいでしょう。1人1人の発達段階を見極め，その子どもにあった表現方法で伝えられるようにサポートし，うまく伝えられたという成功体験に結びつけていけるとよいでしょう。

6. まとめ

　本章では，集団の中でダウン症のある子どものことばを育てていくための関わり方について整理してきました。そのポイントを表4-1にまとめています。これらの4つの視点を中心として，1人1人の発達段階や特性をふまえ，「できた」「分かった」という成功体験を大切にしながら，集団の中でことばの育ちを支えていけるとよいでしょう。

5章

インクルーシブ保育・教育における言語コミュニケーション支援（合理的配慮）

腰川一惠

1. 乳幼児期における言語コミュニケーション支援

　保育・教育現場における集団生活の中では，言語コミュニケーションを学ぶ機会が多くあります。同じクラスであっても子どもたちの発達は1人1人異なることから，子ども1人1人の言語コミュニケーションの発達に応じたインクルーシブ保育・教育が行われています。インクルーシブ保育・教育において，ことばを話す前の乳児期から，ていねいな言語コミュニケーション支援（合理的配慮）が行われることが，ダウン症児のことばの発達をさらに促すことにつながります。言語コミュニケーション支援を「ことばの理解」「話すことば」「コミュニケーション」の視点に分けてインクルーシブ保育・教育における合理的配慮を見ていきましょう。

（1）乳児期（0歳から1歳くらいまで）

　ダウン症児がことばを話す前の乳児期（0歳から1歳くらいまで）は，保育者からの言語での働きかけに気がつき，愛着行動が育っていく，コミュニケーションの土台となる人とのやりとりを育んでいく時期となります。保育者とや

りとりすることが心地よいという経験や，保育者に不快なことを伝えて不快を解消してもらうといった経験を通して，ことばの前のコミュニケーションの力を育てていきます。一方で，ダウン症児が泣くことが少ないこと，聴覚の力が弱く，自ら発声することも少ないこと，移動することが少ないこと等から，保育者からダウン症児に対する働きかけが少なくなってしまうことが考えられます。

　そこで，「コミュニケーション」の合理的配慮は，ダウン症児からの発信（泣く，声をあげる等）が少ない場合でも，保育者からダウン症児へ声をかける，身体接触を図るといった働きかけを意識的に行うことになります。抱っこをする，感覚を楽しめるように揺らし遊びをすることもよいでしょう。その際には子どもの顔を見ながら「抱っこ，うれしいね」「ゆーら，ゆーら，楽しいね」と伝えていきましょう。関わりの感覚と保育者の表情やことば，働きかけを通して，気持ちを伝え合うコミュニケーションがダウン症児の言語発達の土台となります。

　この時期のダウン症児は，保育者の声に気づくことや注意を向けるように働きかけることが「ことばの理解」，発声に応答する働きかけが「話すことば」につながる合理的配慮となります。毎日の保育で繰り返すことばは，場面とともに覚えていきます。「おはよう」「おいしいね」「どうぞ」等をダウン症児が聞き取れるようにはっきりと大きめの声で伝えてみましょう。また，ダウン症児が「あーあー」と声を出していたら，「あーあーなの？」と子どもの声をまねして返してみましょう。保育者の声に気づいて声を出す，さらに繰り返すといったやりとりがその後の「話すことば」につながります。

(2) 幼児前期（1歳から3歳頃まで）

　幼児前期（1歳から3歳くらいまで）頃は，生活の中の理解ができることばが増えて，おとなや周りの子どもとの表情や動作によるコミュニケーションがで

きるようになります。また，音声のまねをすることや発語（一語文）もみられることもあるでしょう。保育現場では，保育者のことばかけに応じた場面にあった行動は，毎日行われる1日の流れが繰り返され，援助を受けながらできる経験を積み重ねていきます。周りの子どもたちへの関心も芽生えてきて，一緒に生活や遊びを楽しみながら場面にあったことばややりとりの楽しさを覚えます。一方で，集団活動での保育者の指示の理解が困難である，活動の切り替えが分からずに混乱する，友だちと関わりたい，関心がある時に発語で伝えられずに行動で働きかけてしまうといったこともあります。

ダウン症児は，保育者や周りの子どもの動作に興味をもち，動作模倣をすることが，「ことばの理解」の前にできるようです。「ことばの理解」につなげる合理的配慮としては，次の行動をする前に「手をごしごし洗うよ」と言いながら手を洗う動作を示し，動作模倣をして確認することを通して，次にどのような行動をするのかの理解につなげます。また，この「ごしごし」「洗う」ということばと行動を示すことで，ことばと行動が結びつきやすくなり，「ことばの理解」につながっていきます。

「話すことば」の合理的配慮としては，ダウン症児からの発声を「ことば」につなげるために代弁をすることです。ダウン症児が指さしをしながら「あっ，あっ」と伝えてくることもあります。この「あっ」は「ほしい」という要求の場合と「あったよ」と伝えたい叙述の場合があります。保育者は，ダウン症児のいる状況や思いを理解しながら，「ワンワンいたのね」「ボールがほしいのね」とダウン症児の思いをことばにしていきます。

周りの子どもへの関心が出てくることにより，働きかけたい，伝えたいという気持ちが芽生えます。ことばで話して伝えることが難しく，引っ張ってしまう，叩いてしまうこともあるかもしれません。「コミュニケーション」の合理的配慮としては，ダウン症児の周りの子どもへの関心を受け取りながら「"あそぼう"だよね」と代弁する，「お友だちをトントン」「"こっち来て"なのね」と伝えて，保育者と一緒に友だちをトントンしてみることで適切なコミュニケーションを経験できるように支援します。

（3）幼児後期（4歳から6歳頃まで）

　ダウン症児の幼児後期（4歳から6歳くらいまで）頃は，生活の中で繰り返されることばの理解ができる，その場にあった行動ができるようになります。おとなや周りの子どもに対しても発声や一語文，ジェスチャー，表情で気持ちを伝えることが増えていきます。保育現場では，集団遊びへの参加，周りの子どもとの遊びのやりとりもできるようになっていきます。一方で，次の活動への切り替えが難しい，自分の思いがことばでうまく伝えられないこともあります。

　「ことばの理解」の合理的配慮として，場面や活動の切り替えの時に話しことばで伝えるだけではなく，次の活動の絵や写真（視覚的手がかり）を見せることで活動の切り替えがスムーズにできることもあります。どのような絵や写真を使うことで理解が進むのかは，1人1人のダウン症児によって異なります。視覚的手がかりを使用する際にも注目できるように声をかけて，1枚ずつ提示します。できるようになってきたら，保育者からの指示がなくても視覚的手がかりを見て判断する，視覚的手がかりがなくても声をかけると次の活動が分かる，というように徐々に視覚的手がかりを減らして，ことばによる理解に進められるように心がけてみましょう。

　集団遊びの参加により，ことばを覚える，相手に伝える，やりとりすることも経験できるようになります。このような遊びの設定は，「ことばの理解」「ことばを話す」「コミュニケーション」につながる合理的配慮となります。日常

生活を再現するような「ごっこ遊び」は，遊具等を設定することで遊びをイメージしやすくなり，ごっこ遊びに参加することにつながります。ままごとごっこ，お店屋さんごっこ，レストランごっこ等遊びの役割の1人として周りの子どもにことばを伝える，保育者が仲立ちすることで遊びやことばを広げていきましょう。一方でルールのあ

る遊びについては，ことばによる説明や絵を使って示すだけでは理解が難しいこともありますので，保育者と一緒に遊びを経験する中でルールの理解やことばの理解を進めていくとよいでしょう。

2. 学齢期における言語コミュニケーション支援

（1）小学校低学年期

　小学生になると，ことばの理解とともに状況の理解が進み，場面に合わせた行動や見通しをもった生活ができるようになります。伝えたいことは，ジェスチャーとともに一語文，二語文以上で話をしようとする姿がみられます。話すことばも少しずつ増えていく一方で，発音の不明瞭さがみられることもあります。また，文字を覚えていくことで文字の発音ができ，ゆっくりはっきりと話すことにつながることがあります。

　「ことばの理解」の合理的配慮としては，子どものことばの状況にあった支援を行うことです。伝えたことに対して，ことばのみで行動する，ことばと視覚的な手がかりを合わせて伝えることで行動する，伝えた後に教師と一緒に行動するというように，ダウン症児の理解の様子に合わせて支援を変えていきます。どのくらいの支援であるとダウン症児が行動できるのか，支援しすぎていないかを観察しながら，1人1人の子どもに合った支援を考えていきます。

　「話すことば」の合理的配慮としては，ことばを広げていく視点での働きかけをします。たとえば，「お茶，お茶」ということばで要求してお茶をもらうことができるとそれ以上の表現につながりません。「お茶」と言ったときの思いは分かっていても，あえて「お茶がなに？」と聞き返してみる，「"お茶，ください"かな？」とことばを広げていく支援を行います。ジェスチャーができるのであれば，ダウン症児に「ください」のジェスチャーを示して，ことばを広げる動作の模倣を促していきます。

　「コミュニケーション」の合理的配慮では，コミュニケーションの幅を広げるために，学校で学んでいる，親しんできた物語等の役割を演じる機会を作っ

てみます。物語に興味をもち，理解ができた上で自分とは違う立場の役を演じることは，自分の生活以外の場面，視点でのコミュニケーションを学ぶ機会となります。

(2) 小学校高学年期

　小学校高学年になると，周囲の状況を理解し，自信をもって行動するようになります。新しい場面，新しい活動でも説明を聞いて，落ち着いて行動できることも見られるようになります。伝えたいことも明確になり，ジェスチャーや一語文，二語文，三語文以上で積極的に伝えようとします。学校生活の中では，集団の前で表現する，発表することも経験していきます。発音の不明瞭さはありますが，文字も学んでいきますので，文字を読むことで発音を学ぶ，文の構成を学ぶ機会にもつながります。

　「話すことば」の合理的配慮としては，表現を豊かにするための働きかけがあります。たとえば，行事等の振り返り学習では，行事の写真や映像を見ることで何をしたのか，どんな気持ちだったのかが表現しやすくなります。「バス」と言ったら「バス，乗ったね」「誰と乗ったのかな？」「どこに行ったのかな？」と質問することでその状況を説明することばを引き出していきましょう。ここで引き出されたことばは，文字を通して表現することにより文章としての「理解することば」につながります。文字を活用する時の合理的配慮として，すぐに文章を書くのではなく，「いつ」「どこで」「何を」「どうしたか」について，まずは単語カードを組み合わせて表現したいことを考えてから文章を作成してもよいでしょう。

　「コミュニケーション」の合理的配慮として，ふだんの会話で相手や場面によって伝え方を変える，自分から進んで伝える等，その場に合わせたコミュニケーションの選択の理

解を進めていきます。たとえば，友だちに何かをお願いする時には「〜やって」でもよいけれども，先生には「〜してください」とていねいな伝え方があることを伝えて，実際に活用してみます。また，時には，自分が行っている作業を先生に確認してもらうことを待つのではなく，自分から「できました」と伝えて先生に確認してもらう等，活動や作業が終わった時にルールとして示すことで，自分から相手にコミュニケーションをとっていく，働きかけることも覚えていきます。

6章

ことばを育てる
家族のあり方・接し方

野元明日香

1. はじめに

　「ことばを育てる家族のあり方・接し方」というと，「家族の接し方ですべてが決まるんだ！」とか，「家族としてきちんとあらねばならない！」と身構える保護者の方々も多いのではないでしょうか。ここでは，むしろ，そのようなみなさんの「構え」が少しでも楽なものになればと思っています。この章を読んだ後には，みなさんが「ありのままでいいんだ」とか，「私なりにやってみよう」と，身にまとった鎧が少しずつはがれていって，肩の力がすっと抜けて軽くなるような，そんな気持ちになっていただけたら幸いです。

2. ことばとの出合い

　ダウン症児に限らず，赤ちゃんがことばと出合うのは，お母さんのお腹の中にいる胎児の時からです。生後すぐの赤ちゃんが，お母さんの声とそうでない人の声を聞き分けることから，胎児の時からすでにその声をしっかり聞いているといわれています。

　つまり，赤ちゃんが最初に出合うのは「音」とし
てのことばです。ですので，現在妊娠中という方は，
できるだけ赤ちゃんに声をかけてみましょう。その
際は，なるべくゆっくり，穏やかな口調を心がけま
す。「今日はいいお天気だよ」とか，「今からお母さ
んの大好きなものを食べるよ」といったように，何
でもよいのです。

　時に，気分がすぐれず，声をかけるような気持ち
になれない時もあるでしょう。そんな時は，お母さんの心音をお腹の子にとっ
ての子守唄代わりにして，少し休みましょう。心音は紛れもない，お母さんか
らの「音」のメッセージですから，安心してください。お母さんからのゆった
りとしたことばかけも，ゆったりと落ち着いて休んでいる時の心音も，赤ちゃ
んには大切な「音」という心地よい刺激です。

3.　瞳に映った世界を「ことば」に

　子どもが，いざこの世に生まれたら親は大忙しです。特に生後すぐは合併症
による体調管理の難しさ等もあり，特に第一子であればなおさら，慣れない育
児にホッとできる暇もないのが現実でしょう。ホルモンバランスの整わない体
を押して赤ちゃんのお世話をしなければならないことは，本当に過酷なことで
す。ましてや「ことば」に関することは二の次，三の次…となりがちです。も
し，そんな中にあってもこの本を手に取ってくださっている方がいらっしゃっ
たら，頭が下がります。まずはご自身の体と心を大切にしながら，少しずつこ
とばについても取り組んでいきましょう。

　とはいっても，実践していただきたいことは2つです。1つ目は，「親御さ
んの瞳に映った子どもの姿についてことばにする」ということです。つまり，
見ている世界をことばに替える，いわば「実況中継」です。「お熱でほっぺが
赤くなっちゃったね」とか，「おしっこ出たね」等です。特に，触れ合う際に

ことばを添えることで，赤ちゃんは「ことば」を心地よいものだと感じ，コミュニケーションの芽が育まれます。

　2つ目は，「子どもの瞳に映った（であろう）ことをことばにする」ということです。赤ちゃんになったつもりで，その視線の先を捉え，ことばにしてみてください。子どもが興味をもち注意を向けたことに対しておとながことばを添えることは，注意を向けていないことに対してことばを添えるよりも，ことばの獲得につながるという研究があります（Tomasello & Farrar，1986）。

4. ことばのシャワー

　もう少し大きくなると，ことばの発達が目覚ましい「語彙爆発期」が現れます。いつ訪れるかは個人差がありますが，筋緊張の弱さからくる発音の不明瞭さや，ことばの発達そのもののゆっくりさに少しやきもきするかもしれません。そんな時は「いまはことばのストックを増やしている時なんだな」と考えましょう。人間はみな，インプット（ことばを聞き，理解し，覚える）を経て，アウトプット（ことばを話す）ができるようになります。誰でもアウトプットには時間を要するものです。

　そこで，アウトプットまでの時間には「ことばのシャワー」を意識するとよいです。家族のふだんの会話，幼稚園や保育園での友だち同士の会話等，実はふだんから子どもは「ことばのシャワー」を浴びて過ごしています。子どもの好きな絵本を繰り返し読み聞かせできる時はそれでよいですが，できない時には，おとなの会話を近くで聞かせる等，ふだんの会話でもインプットに役立っていると思いながら会話をしましょう。

　また，ダウン症児は自分の気持ちをことばにすることが苦手であ

るともいわれます。「楽しかったね」等のポジティブなことばから，「いやだったね」「悲しかったね」等，気持ちを表すさまざまな喜怒哀楽のことばをかけるようにしましょう。

5. メディアを活用する

　情報機器の発展が目覚ましい昨今，子どもの興味関心がメディア（インターネット，SNS，無料動画サイト等）によって広がることはよいことですが，反対に，あまり好ましくない影響があることも事実です。できればメディアに触れる時間は親子で一定のルールを作ることが望ましいですが，見方を変えて，そのメディアを活用する方法もあります。

　たとえば，家事や下の子の世話で手が離せない時等に，子どもの好きな動画を数分見せ，その後，内容のあらすじや見た感想を必ず伝えてもらうというものです。好きなことであれば，子どもは熱心に「分かってもらおう」と伝えてきます。それを聞く時には，①まずは子どもの話をじっくり聞く，②一通り子どもが話し終えてから質問する，これらを心がけます。質問の時は，①子どもの興味があることに対して自分も「興味をもって」，②いくら事実が釈然としなくても「伝えたい気持ちが萎えないように」，というのがポイントです。事実が正しいか否かよりも，子どもがどう受け止め，何を面白いと感じているのかに着目しましょう。

　また，視覚的な情報があふれる現代ですが，昔ながらのラジオというメディアを活用する方法もあります。ダウン症のある岩元綾さんの父・岩元昭雄さんは，著書『ことば育ちは 心育て ―― ダウン症児のことばを拓く』（岩本ら，2005）の中で，ラジオやレコードのよい影響について述べていま

す。綾さんは中学1年生からラジオで英会話を聞き，もっと幼い頃にはレコードで童謡を繰り返し聞いていたそうです。はじめに「音」として触れたことばは，次第に「読み」や「書き」につながり，同時に「音としてのことばから情景をイメージする」ことにつながったとおっしゃっています。綾さんご自身も，著書『愛おしきいのちのために ―― ダウン症のある私から』（岩本，2017）の中で，歌を通したことばへの関心について述べています。

　動画は目で見たまま何も考えずに済みますが，ラジオは耳で聞くことばから意味を理解し情景をイメージする必要があり，ことばの力やイメージする力を伸ばします。その点が，ことばを育む素材として良質なのです。これは，前出の「ことばのシャワー」とも共通するものがあります。

6. 素敵なところに目を向ける

　一般的にダウン症児者は，人懐っこく，明るく，好奇心旺盛といわれます。これらの特徴は，ことばの土台には欠かせないものです。いわゆる「コミュニケーションの基礎」であるからです。この基礎があることは，ことばの発達に大いに役立ちます。ダウン症児者の素敵なところです。

　子育てにおいてはとかく「できない」ところに目が向きがちですが，障害の有無にかかわらず，必ず「素敵！」と思えるところがあるものです。「どうしてできないんだろう」とか，「他の子みたいに早く○○ができるようになってほしいのに」といった思いが湧いてくることは，子どもを思う保護者として当然のことです。けれども，そういった思いに終始支配され，その子の素敵なところが見られなくなっているような時は，少し休憩が必要なサインです。一休みしましょう。

　ことばの発達のきっかけは，子ども自身の「これが好き！」というエネルギーであることが多いものです。「好き！」と子どもがいきいきしている瞬間を見つけ，子どもの素敵なところにたっぷり注目し，「そんなあなたは素敵ね」と伝え返してあげましょう。子どもが何歳からでも，いつからでも遅くはあり

ません。

7．家族も自分の「好き」を大切に

　家族も自分の時間をもつことで，気持
ちの余裕ができ，心も体もゆったりとし
た姿勢がとれます。心や体の緊張は，子
どもにも伝わるものです。子ども本人だ
けでなく，保護者の方やきょうだいも，
自分たちそれぞれの「好き」を大切にし
ましょう。きょうだいがいる場合，きょ
うだい自身に打ち込むものがある等，満
たされた気持ちで過ごしていることは，

ダウン症児に対してもよい影響を及ぼします。穏やかな雰囲気の方が，緊張し
た状況よりも，ことばを多く吸収できます。ふわふわのスポンジのようなイ
メージです。

8．地域と関わり「つながる」こと

　子どもが幼稚園や保育園に行き，社会とつながり始めると，子どもの世界は
広がっていきます。子どもの世界が広がるにつれ，ことばも広がりをみせます。
さまざまなおとなや社会と触れることは，多彩なことばと触れることになりま
す。
　また，保護者の方も社会と「つながる」ことは大切です。ことばをはじめ，
「分からないことは専門家に尋ねる」「ダウン症のある子を育てている先輩に聞
いてみる」というように，少しずつ頼れるところが増えていくと，そこが止ま
り木となり安心できます。親子の体調やタイミングに合わせて始めてみましょ
う。

9. おわりに

　ここまで読んでいただいて、「あまり他の子と変わらないな」と感じていただけたのではないでしょうか。敢えて1つ加えるとするならば、ダウン症児のゆっくりとした発達に合わせ、ゆったり伴走するという心づもりが大切かと思います。本人をはじめ家族も「好き」を大切にし、発達に関しては行きつ戻りつしても、原点である本人の素敵なところに目を向け、周囲とつながりながら「あなたらしく」ことばを育ててほしいと願います。

［文　献］

池田由紀江・菅野 敦・橋本創一（2010）．新ダウン症児のことばを育てる ── 生活と遊びの中で．福村出版

岩元昭雄・甦子・綾（2005）．ことば育ちは 心育て ── ダウン症児のことばを拓く．かもがわ出版

岩元 綾（2017）．愛おしきいのちのために ── ダウン症のある私から．かもがわ出版

Tomasello, M., & Farrar, M. J. (1986). Joint attention and early language. *Child Development, 57*, 1454-1463.

7章

子育ての体験から「ダウン症があってもなくても，子どもは子ども，自分は自分」

花澤雪乃

1. ことばを育てる？　親が育てる？

「第一子さんですか？」初めてお話するお母さん，お父さんになるべくうかがいます。ダウン症があってもなくても，1人目の子の子育ては特別です。学校で「正解」を勉強し，おとなになり自分の時間は自分で使える生活から，子どもを育てるとなると突然事態が一変し，何もかも初めてで正解のない毎日。「なんでこんなこともできないの」と絶望したり「今こういう習い事や幼児教育をしておかないと，間に合わなくなるんじゃないか」と不安になったりするのは，疾患があってもなくても関係ありません。

さらにダウン症があると，よく分からないままに採血や筋肉注射をされたり，今まで聞いたことがない消化器や甲状腺や白血球の話をされたりと「ハテナ」のオンパレード。加えて，「歩けるだろうか」「話せるだろうか」と将来への不安も募ります。1人だけで考えていると落ちていきそうな闇から救われようと，書籍やウェブサイト，SNSのコミュニティや個人ブログを頼るけれど，自分の子のできていないことばかり目について，よけい落ち込んだりします。

私の趣味の1つに町探検があります。知らない新しい道に思い切って入る時

のワクワク感。いつもと1本違うだけで，全く新しい景色が広がっています。しかし，予定していた大通りが突然工事で通れなくて，違う道に強制的に案内されると不安しかありません。戸惑うことは自然なことなのです。

　殊勝に書いていますが，実際の子育てでは戸惑いの連続でした。3人きょうだいの末の娘がダウン症をもって生まれてきました。東京で里帰り出産後，産院での1か月健診で心雑音がありそのまま検査入院，思わぬ長期滞在になりましたが，赤ちゃん訪問や健診に心が向きませんでした。さらに当時住んでいた愛知の自宅に戻ってからも1人でがんばって，「この道がいいはず！」と1人で模索していました。

　娘にとって一番の障害は，母の私だと今でも自戒しています。この頃の私は，娘が「トイレに行かない」「食事をかまない」「歩かない」「すぐ座り込む」，そう感じては，本人の前でさえため息をつく日々。ダウン症があるからしょうがない，この子はこういう子なんだと自分に言い聞かせていました。見通しもやり方も本人に伝わる形やタイミングで伝えていたら，こんな悩みも諦めもきっと違ったものになっていたでしょう。

　「私が育てる！」と躍起になっている母をことばもなく眺めていた娘の目にはどんなふうに私が見えていたのだろう，と今でもふと思います。

　ダウン症児の療育・教育・医療はどれをとっても答えは1つではない，と実感できるまでは，日々「正解」を自分で探し選び取っていくしかありませんでした。公立の療育センター等のある市区町村に住んでいる場合のメリットは，それがその子にとっての「正解」であるかはともかく，親にとってまずたどっていける道があるということです。就学後は公立小中学校という規定の道をたどれますが，それまでは公共サービスがない地域も多く，その場合は子どもの医療も療育も親の心身の状況や考え方に左右されます。「ただただ子育てがしたい」と思っても，つながりや居場所がないと親は孤独に陥り，その結果，「育てたくない」と思ってしまうのも無理がないのです。

　私の場合，当時住んでいた町に公的な早期療育機関はなく，1歳から3歳までは，民間のことばの教室，靴に入れる足底板を作るための整形外科，マカトンサインを教えてくださる教室等，個別に予約して走り回る日々でした。娘が3歳のときに滋賀県に引っ越し，通えた療育センターでやっと「障害のある子どもを育てる特殊な技術」ではなく，「子どもたちそれぞれの育ちを支援できる手段」（宮田，2001）としての療育に出合い，それこそが娘には必要なことだと胸に落ちました。そして，日々の生活で体験をその子のペースで積み重ねる大切さを学び，やっと地に足が着いたように思います。しかしその後東京で地域の保育園に通う中，できないところばかりが目についてしまい，地域の公立小学校1年生になった頃にはまたため息の日々。車で1時間の言語療法ではまじめに取り組まず，怒られても知らんぷりの娘に失望感。小学校2年で特別支援学校に行き始めましたが，学校に行くことも，時間が決まっていることもまったくピンときていない娘は，朝ふとんをかぶって抵抗。「不登校にしないという結果を目指すのではなく，子どもの気持ちを分かろうとする，"親はいつでもあなたの味方"という姿勢を示す」（海津，2017）ことを親の私が学ぶことで，娘も少しずつ前向きな気持ちが戻っていったように思います。

2．疾患があってもなくても，子どもをきっかけに　　行動から変えてみると親も自分を育てることになる

　言われたことを守る，言われなくても察する，困ったことはまず自分で何とかする，という教育環境で私自身は育ってきています。親や先生の反応や顔色をうかがうことで，自分を律して行動することを学んでいきます。この「うかがう」という学び方は娘には合っていないことが多く，明示的な提示が必要なのですが，それは前述した教育環境で育った私が自然にできることではありません。ダウン症がある子は，脳の働きが障害となり，知的な活動がしにくいので，生活の中のさまざまな行動の流れが通常の速さで行われていると，まねて学ぶには難しいことが多々あるように感じます。何かが分からない時，笑っておどけて乗り切る娘の姿に，「説明悪くてごめんね」と今も反省する母です。

3歳（まだひとり歩きできません）

「過去と他人は変えられない。でも未来と自分は変えられる」（繁田，2008）。何げなく発するあなたの一言，一瞬の動きが，子どもの行動や態度を変えています。それはダウン症があってもなくても同じで，私の第一子の長女は大きな音が苦手で，ブランコのような揺れるものは見るのも嫌がりました。3か月健診で長女はまだ首がすわっていなくて，保健師さんに疑っているような目で見られ（自信がゼロだったのでそう感じたのだと今は思います）打ちのめされた気持ちで帰宅した私を，怯えたように長女が見ていたことを昨日のように思い出します。

　私は上の子がいたおかげで，末っ子のダウン症のある娘が生まれる前から「モンテッソーリ教育」を知り，『ママ，ひとりでするのを手伝ってね！』（相良，1985）の本の衝撃をすでに受けていました。「ひとりでする」のを「手伝う」，まずこの考え方を自分のものにしておくと，子どもの障害の軽重や性格のタイプにかかわらず，対応できるように思います。上の2人が通ったモンテッソーリ園では，先生が1つ1つ提示してくださる「おしごと」を楽しんでいました。この幼稚園にはダウン症のあるお子さんも通っていました。「ダウン症のある子も笑ったり走ったりする」というのを本で読むのと目の前で見るのでは，ずいぶんと大きな差があります。公共施設内の小さなカフェで働くダウン症のある女性の姿を一目見ようと，次女を乗せたベビーカーを押して足を運んだのもいい思い出です。

　第二子の長男も協調動作が苦手で小学校1年の体育で鉄棒につまずきました。『不器用な子どもの動きづくり』（飯嶋，2005）で動きの「前段階」について学んだ私は，長男のできなさへの見方を改め，そのうちに長男は，試行錯誤しながらできるようになっていきました。「できないことを問題視しているのは子どもではなく親の自分」だったと思い至り，何度も立ち返りながら，転びなが

ら歩んできた私です。

3．ベビーカー押しながらスマホする母に「合いの手」を

　妊娠中も，週別に「今はこんな時期」「これに注意しましょう」と教えてくれるのはスマホ（スマートフォン）でした。ダウン症のある子を産んだ後，小さい疑問に答えてくれるのもスマホ。ダウン症のある子との実際の日常生活の様子は，新聞等では取り上げられるほどのことではないことを，普通の親が書いているブログなら読むことができるので，スマホなしでは子育てできませんでしたが，気づかないうちに自分自身を孤立させてもいました。

　障害受容の支援とは「子どもに障害があることを納得させる」ことではなく「子どもと"うまくやっていく"具体的な方略を積み上げていくこと」への支援であり，保護者は天岩戸に閉じこもったアマテラスのようなもので，力ずくではこじ開けられず，自ら外を見ようとして扉を押すきっかけが必要ですが，このきっかけになるのが「発達支援による子どもの変化」である，とダウン症のある子の保護者でもあった玉井邦夫先生は述べられています（玉井，2018）。しかし，家とスマホに閉じこもる日々にはこのきっかけがありません。

　私の場合，同年代のダウン症のある子の親が数名集まった会や，地域の子育て支援センターに通ったり，ダウン症の親の会に緩く参加したりしながら，実際に他の子の声や姿を見ることで，自分の子と少し距離を置いて客観視できたように思います。そしてその時感じていることを安心して話す場があって，スタッフや他の保護者から「それな」「うんうん」「あるある」と「合いの手」が入り，少し心を落ち着けられたように思います。

　「大丈夫，困ってない？　かわいいわね」という義務的な「愛の手」がくると「あなたはできていない」と言われているようではねのけたくなりますが，「合いの手」なら，受け取る心の余裕ができると思います。ささくれだって我流にとらわれスマホを持つ母に，「合いの手」くらいの距離感で関わってくださると，昔の私も少し聞く耳があったかもしれません。障害児だからと年齢を

無視して「かわいいわねぇ」と小学生の娘の頭をなでるのでも，「お母さん大変ねぇ」と変に共感しようとするのでもなく，「合いの手」に乗せられていつの間にか親子がそれぞれに軟着陸できれば，『こんな夜更けにバナナかよ』で障害のある方の支援の姿を切り取った渡辺さんが言われるように，「他人の助けを借りながら"自立"して暮らせる社会は，どんな人にとっても安心して生きられる社会のはず」（渡辺，2018）と実感しやすくなるのではと今は考えています。

4．グダグダ説明よりスパッと頭に届くキーワードを

　子育て講演会でも，インスタグラムの記事でも，結局は読んだ・聞いた親が自分なりに解釈して，実際の子育てに応用するわけです。でもしょせんは素人，自分の子に専門家のようになかなか応用ができません。たとえば「問題行動の裏には，必ず理由があります」ということば。素人が聞くと，「理由を読み取れない母はダメな母」と脳内変換されてしまう時期もあり，子どもの問題行動（問題提起行動）に前向きに対応できません。「怒りたくなったら6秒数えてから」や「トイレで落ち着いてから叱る」といったアドバイスがあまりに非現実的で，子育てを放棄したくなる瞬間もありました。実は怒鳴りつけてもいいことはなく，まずは私自身が怒鳴りたいほど子どものことで不安を感じていること，「○○すべき」にとらわれていることに気づき，違う方法で子どもに伝えられるようになったのはずっと後のことです。

　さらに「この子は障害があるからどうせできない」という親の先入観が，ダウン症のある子にとって大きな障害になることもあります。また，各地域で子育てや療育の「アドバイス」に触れてきた私からすると，こうするのが「当たり前」は時代や地域，先生の考え方によって非常に異なります。保護者からすると「行政」は1つですが，

実際は担当部署（保育，教育，医療，福祉）によってそれぞれ保護者や子どもに対する視点や目指すことがまったく異なります。また家庭環境によっても「今取り組むべき課題」は異なります。

　ではどうしたらいいか？　まずは，「自分が育てなきゃ」「育てられない私はダメな親，ダメな支援者」というその思いを手放して，「楽しい，嬉しい」という気持ちを取り戻す工夫をすることなのではないかなと思います。

　障害者家族は「子育て」を超えて「介助」「準専門家」「コーディネーター」「代弁者」としての役割が求められます（田中，2021）。役割に振り回され，ある1つの「このやり方を守ってくれれば大丈夫」と伝えてくれる場所を求めがちです。でも私が本当に信頼できると感じた先生は，「このお子さんにはこの方法が合っていると思う，それはこういう考え方に基づいている」ときちんと1人1人と対話する姿勢で，娘に対しても「子どもの心が動く，目的のある課題をつくる」（矢ケ﨑，2019）ことができる方でした。

　この本に書かれている支援プログラムも，「こうしないと将来本人が困る」と伝える，困らないように取り組むのではなく，保護者のみなさんには「数分でもいい，本人と向き合う方法の1つとして取り入れてみようかな」と捉えるのもおすすめします。そして支援される方には，本人ができなくてかんしゃくを起こす時，その葛藤を取り上げないでとお願いしたいです。「何とかしなくては，何とかなだめなくては，落ち着かせなくては」と思ってしまいがちですが，そうでなくていいのです。「そうだね，残念だね，こわいね，くやしいね」という立ち位置でいることで，子ども自身が自分を取り戻していく姿もありました。そして，子どもが「できそうになっていること」を見つけて「水やりをする」（勇気づける）こと，できるようになったら「ほめる」のではなく「"おー，できたじゃん" 程度の軽い声掛け」（長谷川，2021）をすることが，特にダウン症のある子には有効だと実感しています。もちろん保護者への「ほめことば」もお待ちしています！

　娘にもスパッと伝えるべく，小学校3年以降は「おめめどうのコミュメモ」で本人の意思を確認・説明しています。赤ちゃんでもシステム思考を活用して

いる（センゲ他，2014）といいますが，上の子たちと同じく，ダウン症のある娘にもパターンや物の関係をきちんと理解できる能力があるのに，そうしたことを伝えられていなかったなと反省しきりです。

5．ギアチェンジは内発的に

先日13歳になった娘が話す単語は，聞き取りづらかったり語頭がなく意味が分からなかったりで，「伝わらない」というもどかしさは感じているようですが，本人が「自分はできない」と思っているふしはありません。

小学4年生になった春，娘は明らかにギアチェンジしました。家庭環境も学校の担任も何も変化していません。「土日以外は学校に行くものらしい」「ひらがなを並べるとことばになる」こと，そして「私は私，母は母」であることに気づいたようでした。教師や親の教えることをまねて学ぶことに能動的になるのではなく，学校では先生や友だちの前で主体的にアウトプットし，自宅では大好きなYouTubeチャンネルでおもちゃや外遊びの楽しみ方を自分で探索していく娘に，発達は「させる」ものではなく「していく」のだと改めて教わりました。

物が散在して汚いわが家でつまずく母に「大丈夫？」と声をかけてくれ，

10歳（手すりを持ち自分のペースで上っていきます）

スーパーで駐車場の駐車券を出すのを忘れる母に「出してこようか？」と申し出る娘。中学校1年の頃は，朝起きて「おはよう」「学校いかない」とLINEしてくるのが日課でした。私も「今日もごはん作りたくないなぁ」とぼやいているので，自分の気持ちに正直でいること，それでも社会と折り合いをつけて生きていく方法を身につけることが大切だなぁと思っています。「子どもは子ども，自分は自分」を忘れず，何か1つは小さなことでも自分が楽しいと思えることのある毎日です。

[文 献]

長谷川知子（2021）．ダウン症神話から自由になれば子育てをもっと楽しめる．遠見書房

飯嶋正博（2005）．不器用な子どもの動きづくり．かもがわ出版

海津敦子（2017）．発達障害の子の子育て相談②就学の問題、学校とのつきあい方 ── 恐れず言おう、それは「正当な要求」です！　本の種出版

宮田広善（2001）．子育てを支える療育 ── ＜医療モデル＞から＜生活モデル＞への転換を．ぶどう社

ピーター・M・センゲ他（2014）．学習する学校 ── 子ども・教員・親・地域で未来の学びを創造する．英治出版

相良敦子（1985）．モンテッソーリの幼児教育　ママ，ひとりでするのを手伝ってね！　講談社

繁田千恵（2008）．子育てに活かす交流分析 ── 心地よいコミュニケーションを目指して．風間書房

玉井邦夫（2018）．エピソードで学ぶ　子どもの発達と保護者支援 ── 発達障害・家族システム・障害受容から考える．明石書店

田中智子（2021）．障害者家族の老いる権利．全国障害者問題研究会出版部

渡辺一史（2018）．なぜ人と人は支え合うのか ──「障害」から考える．筑摩書房

矢ケ﨑 響（2019）．算数が苦手な発達障害の子のための数と計算の教え方．PHP研究所

8章

ことばの育ちを把握するための
アセスメント票

....

橋本創一

1. アセスメント票の使い方

　ダウン症のある子どもの「ことば」の発達には個人差が大きく認められます。これまでの研究で，ダウン症のある子どものことばの発達の道筋は，標準的なことばの発達の道筋とおおむね同じであることが多いとされています。しかし，中にはその順序を飛び越して獲得したり，次に期待されることばの発達に到達するまでに時間がかかったりする子どもも少なくありません。親や担当する先生等の大人は，あわてずに，何が獲得されていて，どんなことが難しいのかを見極める必要があります。

　そこで，以下のアセスメント票にて，

　　〔○〕できる

　　〔△〕時々できる・もう少しでできそう

　　〔×〕できない・無理である

のチェックをしてみてください。そして，〔○〕とされた項目は，子どもはすでに獲得したものと判断して，そのスキルを用いた生活をますます展開してあげましょう。〔△〕〔×〕とされた項目は，子どもがまだ十分に獲得されていな

いものと判断して，そのスキルを生活や遊びの場面等を通して経験したり練習してみましょう。

なお，アセスメント票には目安となる年齢が示されています。これは，ダウン症のある子どもを調査したさまざまな研究や資料等から，ダウン症児が獲得する平均的な時期を示しています。発達の早い子どもは，当該の目安年齢よりも早く獲得します。一方，発達がゆっくりな子どもは，目安の年齢よりも後になって獲得します。したがって，個人差がありますので，対象とする子どもに応じて調整してください。また，障害のない子どもの標準的な発達年齢とは異なりますのでご注意ください。

〔△〕〔×〕とされた項目の番号に対応した9章にあるプログラムの番号に取り組んでみましょう。また，子どもの実態や生活環境等に応じて，必ずしもプログラムをそのまま実践するのではなく，環境や場面等に応じて工夫・修正・教材等を変更して取り組めるとよいと思います。

ダウン症児の「ことば」を育てるためのアセスメント票

ダウン症のある子どもの目安年齢	番号	項　目 〔理解 (R) ／表出・発音 (E) ／ コミュニケーション (C) ／文字・文章 (L)〕	領域／ 目標機能	評価 ○ △ ×
I段階（0-1歳）	1-I-1	要求ができる	C	
	1-I-2	返事ができる	C	
	1-I-3	音に反応して手や足を動かす	C	
	1-I-4	「ダダダ」「マンマンマン」等の発声をする	E	
	1-I-5	声を出して笑う	C	
	1-I-6	歌を楽しめる	C	
	1-I-7	まねっこできる	C	
	1-I-8	ふれあい遊びができる	C	
	1-I-9	名前呼びの歌で遊ぶ	C	
	1-I-10	おとなが指さしたものを一緒に見られる	C	
	1-I-11	「ちょうだい」「どうぞ」のやりとりができる	C	
	1-I-12	「だめ」と言われたらやめる	C	
	1-I-13	何かな？どこかな？（知っているものを見つけたら「あった」と言う）	E	
II段階（2歳）	1-II-14	よく知る人の名前を言われると，視線を向けたり探す	R	
	1-II-15	「○○はどこにあるかな？」と聞かれて指さす	R	
	1-II-16	音の出ている方向をしっかり認識できる	R	
	1-II-17	お願いできる	C	
	1-II-18	簡単なことばでやりとりできる	E	
	1-II-19	体の部位を理解する	R	
	1-II-20	お片づけができる	R	
	1-II-21	「○○と△△のどっちが欲しい？」と尋ねられると選べる	R	
	1-II-22	身の回りの物の絵や写真等を理解している	R	
	1-II-23	動物の鳴き声をまねする	C	
	1-II-24	二語文が話せる	E	
	1-II-25	疑問詞（何，どこ，どれ等）を使用する	E	
	1-II-26	ローソクの火を消す，笛を吹く遊びをする	E	

II段階（2歳）	1-II-27	おとなのまねをして舌を上下左右に動かす	C
	1-II-28	3色以上の色名が言える	E
III段階（3-4歳）	1-III-29	「大きい」「長い」等の簡単な形容詞が分かる	R
	1-III-30	温かい息（ハー），冷たい息（フー）を吹ける	E
	1-III-31	車，バナナ，帽子，はさみ等の身近な品を尋ねられて指し示せる	R
	1-III-32	「ご飯を食べる時に使う物は？」でスプーンを指し示せる	R
	1-III-33	テレビ・ビデオを見て楽しみ，主人公や好きなキャラクターが分かる	R
	1-III-34	記号や複雑な絵の異同弁別ができる	R
	1-III-35	自分の性別が言える	E
	1-III-36	音の聞き分けがスムーズにできる	R
	1-III-37	ママの何？（所有格を使った二語文を話せる）	E
	1-III-38	ままごとで役になって簡単なことばでやりとりできる	C
	1-III-39	あいさつ（さようなら）やお礼（ありがとう），謝罪（ごめんなさい）等の対人的なことばを場面に応じて使用する	C
IV段階（5-6歳）	1-IV-40	三語文を模倣して言える	E
	1-IV-41	「食べる物ちょうだい」「動物ちょうだい」等のカテゴリーを言われて，適切なカードを渡すことができる	R
	1-IV-42	絵本「おおきなかぶ」等の簡単なストーリーの絵本の読み聞かせを最後まで聞ける	R
	1-IV-43	動詞（走る，遊ぶ，座る，着る等）を理解する	R
	1-IV-44	「おしっこしたくなったらどうするの？」等の日常経験していることを尋ねられて答える	R
	1-IV-45	ひらがなや数字，お気に入りのマークを他と区別して認識する	L
	1-IV-46	簡単な歌を何曲かうたえる	E
	1-IV-47	動物や乗り物等の名称を思い出して4つ以上言える	R
	1-IV-48	しゃ・ちゅ・きょ（拗音）の発音ができる	E
	1-IV-49	身体機能について説明ができる（「目は何をするもの？」で答える）	R

IV段階（5-6歳）	1- IV -50	物の用途について説明ができる（「鉛筆は何をするもの？」で答える）	R	
V段階（7-9歳）	1- V -51	上，下，前，後ろが理解できる	R	
	1- V -52	「速い－遅い」「暑い－寒い」「長い－短い」等の反対ことばを知っている	R	
	1- V -53	今日の予定や活動の説明（いつ，どこで，誰が，何を）を最後まで聞ける	R	
	1- V -54	大勢の中で友だちの話や発表を聞ける	R	
	1- V -55	自分の名前のひらがなが読める	R	
	1- V -56	曜日が言える	E	
	1- V -57	今日やったことや数日前に経験したイベントについて話すことができる	E	
	1- V -58	ささやき声（小さな声）で話すことができる	E	
	1- V -59	しりとり遊びや頭文字でことばを想起できる	R	
	1- V -60	格助詞（「が」「を」）を正しく使って話せる（ボールが投げた→ボールを投げた）	E	
	1- V -61	受動態（追いかけられる，押される等）の表現を理解する	R	
	1- V -62	「もしも～になってしまったら，あなたはどうする？」という質問に答えられる	R	
	1- V -63	眼前にない物の色名を尋ねられて答える（「消防車は何色？」等）	R	
	1- V -64	ひらがなを1字ずつ拾い読みする	L	
	1- V -65	絵本の中のことばや街で見かける標識・看板（単語）を見て読める	L	
	1- V -66	絵本や紙芝居を見て，人物や動作について正しく説明することができる	E	
VI段階（10歳以降）	1- VI -67	時間経過を踏まえて絵カードを並べ替えられる	R	
	1- VI -68	「～だから，〇〇です」等の論理的な表現を使って説明ができる	E	
	1- VI -69	複雑な指示を聞いて（3種類の動作を一度に言われて）実行できる	R	
	1- VI -70	不合理な話や間違った説明を聞いて，おかしなところや違う点を指摘できる	R	
	1- VI -71	「卵（た・ま・ご）」ということばの語頭音・語尾音・真ん中の音（音韻意識）を理解している	L	
	1- VI -72	助数詞（個，匹，人，つ等）を正しく使える	E	

VI段階 （10歳以降）	1-VI-73	約束を覚えておける	R	
	1-VI-74	連想ゲームができる	R	
	1-VI-75	自分で絵本を読める	R	
	1-VI-76	日記や作文を書ける	L	
	1-VI-77	感想文を書ける	L	
	1-VI-78	みんなの前で発表する	E	

注1）目安の年齢とはダウン症のある子どもが獲得する平均的な時期を示している。健康な子どもの標準的な発達年齢とは異なる。

注2）領域は，理解（R）／表出・発音（E）／コミュニケーション（C）／文字・文章（L）。

注3）評価は，○できる／△時々できる・もう少しでできそう／×できない・無理である，を記入する。

9章

ことばを育てるための
支援プログラム

....

橋本創一

▎1. 支援プログラムの構成

　本書では，ダウン症のある子どもの発達を促す「ことばを育てるプログラム」全78項目を4つの領域に分類しています。「理解（R：Recognition）」「表出・発音（E：Expression / Pronunciation）」「コミュニケーション（C：Communication）」「文字・文章（L：Letter / Literature）」です。いわゆる，ことばを理解し，話し・発音し，コミュニケーションし，文字・文章を読む・書く等の行動です。ことばに関する生活や遊びの中における行為は，こうした4つの領域が必ずしも単一的に用いられているわけではありません。つまり，こうした4つの領域のさまざまなスキルが，組み合わさったり総合的・包括的に実行されています。本書のプログラムは，4つの領域を各々に示していますが，あくまでも，その行為・行動における最も重視・優先されるであろうスキルの領域を提示しています。いわば，そのプログラムにおける目標とするスキル・機能の領域と考えてください。

　そして，対象とされる子どもの年齢段階（生活年齢）を「Ⅰ段階：0〜1歳」「Ⅱ段階：2歳」「Ⅲ段階：3〜4歳」「Ⅳ段階：5〜6歳」「Ⅴ段階：7〜9歳」

「Ⅵ段階：10歳以降」の6つの段階に分類しています。Ⅰ段階13項目，Ⅱ段階15項目，Ⅲ段階11項目，Ⅳ段階11項目，Ⅴ段階16項目，Ⅵ段階12項目です。

「理解（R）」は，ことばを理解する力を育てる領域です。9章の支援プログラムには，全部で35項目あり，ことばのプログラムの中で最も多い45％を占めています。年齢段階ごとに見ると，Ⅱ段階7項目，Ⅲ段階6項目，Ⅳ段階7項目，Ⅴ段階9項目，Ⅵ段階6項目です。

「表出・発音（E）」は，発語・発話をしたり，適切に発音する力を育てる領域です。9章の支援プログラムには，全部で21項目あり，ことばのプログラムの中で27％を占めています。年齢段階ごとに見ると，Ⅰ段階2項目，Ⅱ段階5項目，Ⅲ段階3項目，Ⅳ段階3項目，Ⅴ段階5項目，Ⅵ段階3項目です。

「コミュニケーション（C）」は，ことばや表情，身振り・ジェスチャー等を用いて他者とやりとりして，コミュニケーションする力を育てる領域です。9章の支援プログラムには，全部で16項目あり，ことばのプログラムの中で21％を占めています。年齢段階ごとに見ると，Ⅰ段階11項目，Ⅱ段階3項目，Ⅲ段階2項目，と低年齢期に集中して配置されています。

「文字・文章（L）」は，小学校の国語科で学ぶおもな文字（ひらがな，カタカナ，漢字，数字等）を覚えて読んだり書いたりする力や，文章を読んだり書いたりできる力を育てる領域です。9章の支援プログラムには，全部で6項目あり，ことばのプログラムの中で8％を占めています。年齢段階ごとに見ると，Ⅳ段階1項目，Ⅴ段階2項目，Ⅵ段階3項目，と高年齢期に集中して配置されています。

1-I-1　要求しよう

個別療育／指導

ねらい
発声や動作で要求を伝える。

教材・場面
子どもが抱っこを求めたり，好きな物を取ろう
とする場面。

方法・工夫
(1) 子どもの気持ちを代弁（「"だっこ"だね」等）しながら，抱っこを求める
　　動作（両手を差し出す）や物に手を伸ばす動作をして見せる。子どもの
　　手を取り，一緒に行う。

※要求が少ない子どもには，好きな物を目の前に提示したり，ふれあい遊び
　等で要求を引き出す。

※他者への発信が少ない場合は，子どもの困難場面（手を伸ばして何かを取
　ろうとして手が届かなくて泣いている等）で援助をし，おとなが要求に応え
　てくれることに気づかせる。

(2) 要求の発声や動作が見られたらほめ，要求に応える。

≪ダウン症っ子チャレンジポイント≫
・要求の際，おとなの顔を見るか。
・自分から発声や動作を行うか。

【I段階：C領域】

1-I-2　返事をしよう

個別療育／指導

ねらい

発声や動作で応答する。

教材・場面

生活場面や名前を呼ぶ場面。

方法・工夫

(1) 子どもを呼ぶ時や生活動作をする時等，子どもと視線を合わせ「○○ちゃん」「○○するよ（お着替えするよ／お出かけするよ等）」と声をかける。

(2) 子どもの手を取り，手を挙げながら「はーい」と返事をする。

(3) 慣れたら，手を挙げる動作や返事の声，口の形の手本を見せ，模倣を促す。

≪ダウン症っ子チャレンジポイント≫

・おとなの声かけに注意を向けるか。

・おとなをまねて発声や動作を行うか。

・応答の際，自分から発声や動作を行うか。

1-I-3　音に反応して手や足を動かす

個別療育／指導

ねらい

音に反応して手や足を動かす。

教材・場面

ガラガラや鈴等，音の鳴る玩具。

子どもが仰向けの体勢で寝転んでいる時に行う。

方法・工夫

(1) 子どもの顔をのぞき込みながら，音を鳴らす。

(2) 子どもが顔を向けたり，体を動かしたりして反応した時には，笑顔で声
をかけ，また音を鳴らす。

≪ダウン症っ子チャレンジポイント≫

・子どもの機嫌がよい時に行う。

・常に音を鳴らすのではなく，子どもの動きに合わせて音を鳴らす。

【I段階：E領域】

1-I-4 「ダダダ」「マンマンマン」等の発声をする

個別療育／指導

ねらい

子音と母音を組み合わせた音を連続して発声する。

教材・場面

子どもの機嫌がよい時に行う。

方法・工夫

(1) 子どもと顔を見合わせ，口元を見せながら，「ダダダ」「マンマンマン」「ババババ」のような連続した音を聞かせる。

(2) 子どもが「ダ」等，一部の発声をした時にはすぐにほめて，子どもの発声と同じ音を連続させて「ダダダ」と繰り返して聞かせる。

(3) 子どもが連続した発声（例：「ダダダ」）をした時はたくさんほめて，連続した発声をさらに聞かせる。

≪ダウン症っ子チャレンジポイント≫

・発声をしなくても子どもが口の形をまねした時にはほめる。

・自発的な発声が少ない場合はまず，リラックスしている時に，「アー」や「ウー」等の長めの音を聞かせて発声を促す。

1-I-5　声を出して笑う

個別療育／指導

ねらい

声を出して笑い，やりとりをする。

教材・場面

子どもが仰向けに寝転んでいる時や抱っこして
いる時。

方法・工夫

(1) 子どもの顔をのぞき込み，笑顔で話しかけたりお腹をくすぐったりする。

(2) 子どもが笑ったら，すぐに笑顔を返し，さらに話しかけたりくすぐったりする。

(3) 笑い声はなくても，子どもが視線を向けたり笑顔を向けた時には笑顔で
　　応じ話しかける。

≪ダウン症っ子チャレンジポイント≫

・どういうふうに話しかけた時に反応がよいかや，どこをくすぐったりなで
　たりすると喜ぶか等，いろいろ試して子どもが喜ぶ働きかけを見つける。

【I段階：C領域】

1-I-6　歌を楽しもう

個別療育／指導

ねらい

歌ってもらうと聞き入る。

教材・場面

抱っこや仰向けで寝ている時に，子どもの顔を
よく見ながら取り組む。

方法・工夫

(1) 子どもの目を見て微笑みながら，ゆっくりとしたテンポで歌って聞かせる。

※注意が向きにくい場合は，体に触れたり，抱っこで揺らす等，体に刺激を
　与え，注意を引く。

(2) いろいろな歌を聞かせる。

≪ダウン症っ子チャレンジポイント≫

・歌声に反応するか。

・おとなの顔を見ながら聞くか。

・笑顔で聞くか。

1-I-7　まねっこしよう

個別療育／指導

ねらい

おとなが発声した声をまねする。

教材・場面

子どもとおとなの顔が 20 〜 30 センチ
の距離で向かい合って取り組む。

方法・工夫

(1) 子どもが発している声を「"あー，あー"なの」とまねする。口をはっ
　　きり動かし，子どもに口の形が見えるようにする。子どもがまねしたら，
　　さらにまねして会話のようにする。

※注意が向きにくい場合は，体に触れたり，抱っこで揺らす等，体に刺激を
　与え，注意を引く。

※発声が少ない子どもは，ふれあい遊び等で発声する機会を増やす。

(2) まねするようになったら，子どもがまだ出せない音を含む音声や歌を聞
　　かせる。

※同じ音が出せなくても，声を出したことをほめたり会話のようなやりとり
　を楽しむ。

≪ダウン症っ子チャレンジポイント≫

・口の形をまねするか。

・いろいろな音が出せるか。

【I段階：C領域】

1-I-8　ふれあい遊びをしよう

個別療育／指導

ねらい

くすぐられたり，遊んでもらって，笑ったり声
を出す。

教材・場面

互いの顔がよく見えるよう，抱っこや向かい
合って取り組む。

方法・工夫

(1) 子どもと視線を合わせ，「くすぐり遊び」や「高い高い」等のふれあい
遊びをする。「せーの」「1・2・3」と声をかけたり，歌に合わせて行う。

(2) おとなも一緒に声を出して笑ったり「楽しいね」等と声をかけ，気持ち
を共有する。「もう1回？」等と聞き，期待や要求を引き出す。

≪ダウン症っ子チャレンジポイント≫

・おとなの顔をよく見るか。

・笑ったり，声を出して喜ぶか。

・遊びを期待したり，要求するか。

1-I-9　名前呼びの歌で遊ぼう

個別療育／指導

ねらい

自分や家族の名前を聞いて反応
する。

教材・場面

子どもとおとなが向かい合った
り，数人で円になって取り組む。

方法・工夫

(1) 子どもと視線を合わせながら，楽しい雰囲気で名前呼びの歌（「〇〇ちゃ
　んはどこでしょう」等）を歌う。名前を呼ぶ際は，特にはっきりした口調
　でいつも呼ばれている愛称を呼ぶ。

(2) はじめは手本を見せたり，子どもの手を取って一緒に取り組み，発声や
　挙手で呼名に反応できるようにする。

(3) 兄弟や両親も一緒に遊び，家族の愛称を聞く。名前を呼ばれた家族に注
　目できるよう，呼ばれた人は大げさに反応する。

≪ダウン症っ子チャレンジポイント≫

・名前を呼ばれることを期待するか。

・自分の名前に発声や動作等で反応するか。

・名前を呼ばれた家族を見るか。

【I段階：C領域】

1-I-10　一緒に見よう

個別療育／指導

ねらい

おとなが指さしたものを見る。

教材・場面

読み聞かせや散歩の場面。

方法・工夫

(1) 子どもが見ているものを指さし，「○○だね」と声をかける。

(2) 子どもを呼んで注意を引き，「見て」と視野から外れたものを指さし，「○○だよ」とその名称を言う。子どもの正面や近くのものから始め，徐々に横や後方等，遠くのものを指さして知らせる。

※反応がない場合や，おとなの顔や指に注目する場合は，子どもの体や顔の向きを変え，指さした方向を見せる。

※子どもが興味のあるものを指さす。

≪ダウン症っ子チャレンジポイント≫

・正面や近くの指さしに反応するか。

・横や後方，上方等，視野から外れた方向の指さしに反応するか。

【I段階：C領域】

1-I-11 「ちょうだい」「どうぞ」のやりとりをしよう

個別療育／指導

ねらい
「ちょうだい」と言われて手渡す。

教材・場面
子どもが手に持てる玩具。
遊びの場面。

方法・工夫

(1) 「どうぞ」と言って，子どもに玩具を手渡す。

(2) 子どもの正面でジェスチャーしながら「ちょうだい」と言い，子どもが
　　渡してくれるのを待つ。

※渡せない場合は，子どもの手を取って渡す動作をし，受け取る。

※おとなが2人いる場合は，「ちょうだい」と言って受け取る役と，子ども
　が渡すことを援助する役に分かれて行う。

(3) 受け取ったら「ありがとう」と伝え，ほめる。さらに「どうぞ」と言っ
　　て子どもに手渡し，楽しみながらやりとりを繰り返す。

※子どもが玩具そのものに夢中になっている時は手放しにくいため，使う玩
　具の選択やタイミング等を見計らって行う。

≪ダウン症っ子チャレンジポイント≫

・「ちょうだい」のことばやジェスチャーに注目するか。

・おとなの援助で渡すことができるか。

・「ちょうだい」と言われて自分で渡すことができるか。

【I段階：C領域】

1-I-12 「だめ」と言われたらやめよう

個別療育／指導

ねらい

「だめ」ということばに反応する。

教材・場面

子どもが危険なことやいけないことをした場面。

方法・工夫

(1) 体に触れて動作を止め，「だめ」とはっきり伝える。厳しい表情や強めの口調で伝える等，表情や声の調子でもいけないことが伝わるようにする。

(2) 長くは叱らず，別の遊び等に気持ちを切り替える。

≪ダウン症っ子チャレンジポイント≫

・「だめ」と言ったおとなを見るか。

・止められた動作をやめることができるか（やめられたらほめましょう）。

・「だめ」ということばに反応して自分でやめることができるか（やめられたらほめましょう）。

【I段階：E領域】

1-I-13　何かな？　どこかな？

個別療育／指導

ねらい

知っている物を見て，名称や「あった」と言う。

教材・場面

蓋_{ふた}つきの箱数個，子どもが名称を言える物。

箱を横に並べ，箱をはさんで子どもとおとなが

向かい合うかまたは並んでて取り組む。

※子どもが蓋を開けられる箱を用いる。蓋の代わりに布をかぶせてもよい。

方法・工夫

(1) 子どもの前で，箱に物を1つずつ入れ，蓋を閉める。

※はじめは箱1つ，物1つで行い，徐々に2〜3個に増やすとよい。

(2) 1つを指さし「何が入っているかな？」と言い，蓋を開けるよう促す。
　　子どもが「〇〇だ」と言ったら，ほめたり，「〇〇だね」と共感する。
　　子どもが行わない場合は，おとなが開けて「〇〇だ！」と言う。

(3) 「〇〇はどこかな？」と言い，探すよう促す。子どもが見つけたらほめ
　　たり，「あったね」と共感する。子どもが探そうとしない場合は，おと
　　なが探し「あった！」と見せる。

≪ダウン症っ子チャレンジポイント≫

・声かけに応じて蓋を開けたり，物を探すか。

・物を見つけた際，おとなに視線を向けるか。

・見つけた物に反応し，名称や「あった」と言うか。

【II段階：R領域】

1-II-14　よく知る人の名前を言われると，視線を向けたり探す

個別療育／指導

ねらい

家族や友だちの名前を言われると，視線を向け
たり探したりする。

教材・場面

家族が迎えに来た時，友だちとの遊び場面等。

ママが来たよ

方法・工夫

(1) お迎え時等に，「ママが来たよ」と子どもに言う。

(2) 子どもが視線を向けた時には，家族は笑顔を向けてことばをかける。

(3) 子どもが家族を探している時には，指をさす等して探すのを手伝う。

※友だちの場合：友だちとの遊び場面で，「○○くん面白い物作っているよ」
「○○ちゃんの絵かわいいよ」等と興味を引くことばを子どもにかけ，視
線を向けることを促す。

≪ダウン症っ子チャレンジポイント≫

・はじめは長い時間を過ごしている家族，それから園の先生や友だちといっ
たように徐々にバリエーションを増やしていく。

1-II-15 「○○はどこにあるかな？」と聞かれて指さす

個別療育／指導

ねらい

身の回りの物の名称を問われた時に
指さしをして答える。

コップはどこに
あるかな？

教材・場面

ままごと等の遊び場面。

方法・工夫

(1) ままごと等の遊び場面で「○○
   はどこ？」と子どもに聞く。

(2) 子どもが指さしをして答えた時
   はすぐにたくさんほめ，「○○だね」と再び名称を伝える。

(3) 言われた物が分からなかった時には，写真や絵カードを見せてヒントを
   与える。

≪ダウン症っ子チャレンジポイント≫

・物の名称はゆっくりはっきり伝える。

・日常でよく使う物（コップや食べ物等）の名前から始める。

【II段階：R領域】

1-II-16 音の出ている方向をしっかり確認できる

個別療育／指導

ねらい

1メートル程度離れた所で音が鳴った時に，その方向に顔を向ける。

教材・場面

子どもの興味を引く物（鈴，おもちゃのラッパ，音の出るおもちゃ等）。
子どもの機嫌のよい時に行う。

方法・工夫

(1) 最初は子どものすぐ近くで音を鳴らす。

(2) 子どもが音の出ている方向に顔を向けた時に「音がするね！」等と声をかける。

(3) 徐々に音を鳴らす距離を離す。

≪ダウン症っ子チャレンジポイント≫

・子どもが反応しなかった時には，おとなが子どもの視界に入るようにして，おもちゃの音を鳴らし，子どもの興味を引く。

1-Ⅱ-17　お願いしよう

個別療育／指導

ねらい
ことばをまねて要求を伝える。

教材・場面
子どもが何かを要求する場面。

方法・工夫

(1) 子どもが発声や動作で要求した際に，視線を合わせて「"取って（ちょうだい）"だよ。言ってごらん」と簡単な要求のことばを聞かせる。口を大きく動かしゆっくりはっきり話す。

(2) 子どもがまねして言えたらほめ，要求に応える。

※発音等が不十分であっても，まねしようと発声したらほめ，要求に応える。

(3) 他の場面でも子どもの気持ちに合ったことば（例：「やって」）を聞かせて，まねすることを促す。

※短いことばや，幼児語，擬音語・擬態語等，子どもが聞き取りやすく発声しやすいことばを使う。

≪ダウン症っ子チャレンジポイント≫

・おとなのことばに注目するか。

・ことばをまねようとして発声するか。

・ことばをまねて言えるか。

【Ⅱ段階：E領域】

1-Ⅱ-18　簡単なことばでやりとりしよう

個別療育／指導

ねらい
状況や気持ちに合わせて「バイバイ」「どうぞ」「ヤダ」等のことばを言う。

教材・場面
日常のやりとり場面。

方法・工夫
(1) 子どもが物を持っている時や子どもと別れる時等，おとながジェスチャーとともに「ちょうだい」「バイバイ」等のことばかけをする。

※注目しづらい場合は，体に触れたり，子どもの目の前に立ち，注意を引く。

(2)「"どうぞ"だね」「"ヤダ"だね」「"バイバイ"だね」等，子どもの気持ちに合ったことばをゆっくりはっきりと代弁して聞かせ，「言ってごらん」と表出を促す。

※おとなが2人いる場合は，ことばかけをする役と子どもの気持ちを代弁する役に分かれる。

≪ダウン症っ子チャレンジポイント≫
・相手のことばかけに注目し，発声や動作で応答するか。
・まねして「どうぞ」「バイバイ」等のことばを言うか。
・おとなが代弁しなくても状況に合ったことばを言うか。

1-Ⅱ-19　体の部位を知ろう

個別療育／指導

ねらい

体の部位を理解する。

教材・場面

手洗いや入浴，歯磨き，着替え等の場面。

子どもとおとなが向かい合って取り組む。

方法・工夫

(1) 子どもの体の部位に触れながら「"おてて"洗おうね」「"お鼻"拭くよ」「"お口"あーんして」と，強調して声をかける。

※おとなの体の部位も触ったり動作を見せたりしながら行う。

(2) 子どもが理解してきたら「おてて出して」「お口あーんして」とことばだけで伝える。

(3) さらに理解が進んできたら，生活場面にかかわらず「おめめどこ？」「おててどこ？」「おなかどこ？」等と聞き，指し示すよう促す。

※理解が不十分な時は，「"おめめ"ここだね」と言いながら，子どもの手を取って本人の目の位置に持っていって確認させる。

≪ダウン症っ子チャレンジポイント≫

・生活場面で，状況やことばかけに合わせて体の部位を示すことができるか。

・ことばだけで指示された体の部位を指し示すことができるか。

【II段階：R領域】

1-II-20　お片づけをしよう

個別療育／指導

ねらい

簡単な指示を理解してそれに従う。

教材・場面

玩具，玩具箱。
片づけ場面。

おもちゃを箱に入れるよ

方法・工夫

(1) 玩具や箱を指さし等で示しなが
　　ら，「○○を箱に入れて」と子
　　どもの近くにある玩具を片づけ
　　るよう伝える。はじめは手本を見せたり，子どもの手を取り一緒に片づ
　　ける。

※手本や子どもと一緒に行う時にも，動作に合わせて「○○を箱に入れる
　よ」と強調して聞かせる。

※注意が続かず遊び始めてしまう場合は，箱を子どもの近くに持っていく。

(2) 箱にしまえたらほめ，「次は△△を箱に入れて」と別の玩具の片づけを
　　促す。

≪ダウン症っ子チャレンジポイント≫

・おとなが指さした玩具を箱に入れられるか。

・声かけだけで指示された物を箱にしまえるか。

1-II-21 「○○と△△のどっちがほしい?」と尋ねられて選べる

個別療育／指導

ねらい

選択の質問を理解して答える。

教材・場面

ぬりえ（2枚），カラフルな色鉛筆。

指導者と対面または並んで座って取り組む

方法・工夫

(1) 好きなキャラクターのぬりえ，カラフルな色鉛筆を見せ，関心をもたせる。

(2) ぬりえを2枚提示し，「どっちがいい?」と聞き，1枚を選ばせる。色鉛筆も同様にする。

※色鉛筆は指導者が持ち，子どもが他の色を使おうとするタイミングで2つの色を提示する。

≪ダウン症っ子チャレンジポイント≫

・相手に注意を向けて質問を聞けるか。

・提示された2つのうちどちらか一方を選ぶことができるか。

【II段階：R領域】

1-Ⅱ-22 身の回りの物の絵や写真等を理解している

個別療育／指導

ねらい

写真と実物の同定ができる。

教材・場面

身の回りの物（椅子，クレヨン，積み木等）の写真と実物。

指導者と対面または並んで座って取り組む。

方法・工夫

(1) 身の回りの物の写真を見せ，「これとおんなじどれだ!?」と聞く。

(2) 近くに実物を置いておき，指さしするよう促す。

※子どもの視野に入る場所に実物を置いておく。

≪ダウン症っ子チャレンジポイント≫

・写真の理解が難しい場合は，ミニチュア（ままごとの玩具等）と実物の同定ができるか試してみる。

1-Ⅱ-23　動物の鳴き声をまねする

個別療育／指導

ねらい

おとなのまねをして動物の鳴きまねをする。

教材・場面

動物の絵本，動物のミニチュア。

読み聞かせや遊び場面。

方法・工夫

(1) 動物の絵を指さしたり，ミニチュアのおもちゃを動かしたりして子ども
　　の注意を引く。

(2) 絵本や動物のミニチュアを動かしながら鳴き声の手本を聞かせる。

※おとなが動物の鳴きまねをして，それを手本にする。

(3) 子どもがまねできた時にはたくさんほめ，おとなも一緒にまねをする。

≪ダウン症っ子チャレンジポイント≫

・子どもがまねをしなくても，無理にまねを促さず，読み聞かせや遊びを楽
　しむ。

【II段階：E領域】

1-II-24　二語文が話せる

個別療育／指導

ねらい

写真や絵を手がかりにして，二語文を話す。

教材・場面

子どもと家族の写真，日常動作（歯磨き等）を
している絵。

指導者と対面または並んで座って取り組む。

方法・工夫

(1) 人の写真と動作の絵を2枚セットで示す。

※動作の絵は日常的な動作の絵にする。

(2)「○○が〜する」を言う練習をする（例：ママが歯磨きする）。

※うまく発音できない場合には，まずは話そうとしていること自体をほめな
　がら，「そうだね，"ママが歯磨きする"だね」等，指導者側が手本となる
　言い方を繰り返していく。

(3) ふだんの生活で状況に合わせて，二語文（例："バスがきた""ねこがない
　てる"等）が言えるように練習する。

≪ダウン症っ子チャレンジポイント≫

・「○○が〜する」と言えるか。

・ふだんの生活で，状況に合わせて二語文を話すことができるか。

1-Ⅱ-25　疑問詞（何，どこ，どれ等）を使用する

個別療育／指導

ねらい

疑問詞を使って質問する。

教材・場面

好きな玩具。

指導者と対面または並んで座って取り組む。

方法・工夫

(1) 好きな玩具で遊ばせ，途中でその玩具を隠す。

(2) 玩具をほしそうにしていたら，「"どこ？"と言ってごらん」と促す。

※うまく発音できない場合には，まずはまねしようとしていること自体をほめながら，「そうだね，"どこ"だね」等，指導者側が手本となる言い方を繰り返していく。

(3) 「どこ」と言うことができたら，指さしをして場所を教える。

≪ダウン症っ子チャレンジポイント≫

・「どこ？」と言うことができるか。

・指さしで示された場所で玩具を見つけることができるか。

【II段階：E領域】

1-II-26　ローソクの火を消す，笛を吹く遊びをする

個別療育／指導

ねらい

いろいろな強さや速さの息を吹くことを経験していく。

教材・場面

ローソクや笛等を使用した吹き遊びを行う。

方法・工夫

(1) ローソクの火を消す手本や，笛を吹く手本を見せる。

(2) 子どもが吹けたらすぐにほめる。

(3) うまく吹けなくても吹こうとする様子があったらほめる。

(4) 子どもが慣れてきたら，いろいろな笛やラッパの玩具等を使って，さまざまな息の吹き方を経験できるようにする。

≪ダウン症っ子チャレンジポイント≫

・好きなキャラクターがついていたり，好きな音の出る笛やラッパ等，子どもが興味をもてるような吹き遊びを見つける。

1-II-27　おとなのまねをして舌を上下左右に動かす

個別療育／指導

ねらい

おとなのまねをして舌を上下左右に動かす。

ベー

教材・場面

子どもと向かい合い実施する。

方法・工夫

(1) 子どもと向かい合い，笑顔で「まねして」
　　と言いながら舌を出す

(2) 子どもがまねできたら，続けて上下左右に舌をゆっくり動かして子ども
　　にまねを促す

※うまくできなくても，まねようとする様子があったら，大いにほめる。

≪ダウン症っ子チャレンジポイント≫

・「アッカンベー」等の楽しい歌遊びの中でまねを促してもよい。

・子どもが舌の動きに注目しているかどうかを確認して，子どもの速さに合
　わせて舌をゆっくりと動かす。

【Ⅱ段階：E領域】

1-Ⅱ-28　3色以上の色名が言える

個別療育／指導

ねらい

色を区別して言うことができる。

教材・場面

色紙。

指導者と対面または並んで座って取り組む。

方法・工夫

(1)　色紙を提示して，「これが赤だよ」と提示する。

(2)　赤の色紙を指さして，「これは何色？」と尋ねる。

(3)　正解でもそうでなくても，「赤」と言う練習をする。どの色も同様にする。

※色と音をマッチングするため，色を見せながら色の名前を言う練習をする。

≪ダウン症っ子チャレンジポイント≫

・色の識別ができているか。

・色と名前のマッチングができているか。

1-Ⅲ-29 「大きい」「長い」等の簡単な形容詞が分かる

個別療育／指導

ねらい

実物の比較を通して，「大きい」「長い」等を理解する。

教材・場面

大小の積み木，長短の紐。

指導者と対面または並んで座って取り組む。

方法・工夫

(1) 小さい積み木と大きい積み木を並べて提示し，「こっちの方が大きいね」と大きい方を示す。

(2) 「大きいのはどっち？」と尋ねる。長い紐と短い紐についても同様に尋ねる。

※具体物で示し，重ねてみることで比べる。

(3) 正答できるようになってきたら，生活場面で大きい－小さい・長い－短いについて身近な物を使って，楽しみながら繰り返し尋ねる。

≪ダウン症っ子チャレンジポイント≫

・大きい－小さい・長い－短いの比較の意味を理解できているか。

・「大きいのはどっち？」という問いに適切に答えることができるか。

【Ⅲ段階：E領域】

1-Ⅲ-30　温かい息（ハー），冷たい息（フー）を吹ける

個別療育／指導

ねらい

口の形を調整して息を吹くことができる。

教材・場面

ままごと等の遊びの場面。

方法・工夫

(1) 口を開けて息を吹くところを見せ，まねするよう促す。

※「寒いから手を温めよう，ハーハー」等と言い，温かい息のイメージをもたせる。

(2) 子どもに口をすぼめて息を吹くところを見せ，まねするよう促す。

※「お料理冷まそう，フーフー」等と言い，冷たい息のイメージをもたせる。

≪ダウン症っ子チャレンジポイント≫

・口の形を示す時には，口を大きく開けてはっきりと見せる。

1-III-31　車，バナナ，帽子，はさみ等の身近な品を尋ねられて指し示せる

個別療育／指導

ねらい

身近な物の名称を理解する。

教材・場面

かご，食べ物等のミニチュア。

2つの机を少し離して置き，家と店を設定し，お店屋さんごっこをする。

方法・工夫

(1) 「〇〇買ってきてください」と声かけして示し，買い物に行かせる。

(2) 店（机）にある，指示された物を持ってくるよう促す。

※間違って持ってきたらヒントを与え，楽しみながら何度か繰り返す。

≪ダウン症っ子チャレンジポイント≫

・指示された物を選ぶことができるか。

【Ⅲ段階：R領域】

1-Ⅲ-32 「ご飯を食べる時に使う物は？」でスプーンを指し示せる

個別療育／指導

ねらい
物の用途を理解する。

教材・場面

スプーン，絵本や時計（食事で使わない物で身近な物），ままごとで使う食べ物の玩具。
指導者と対面または並んで座って取り組む。

方法・工夫
(1) スプーンを使って，ごはんを食べるまねをする。
　「これおいしいよ，あげる」と言って，手渡し，ごはんを食べるまねをするよう促す。
(2) スプーン，絵本や時計等を3つ程度並べ，「ごはんを食べる時に使うのはどれかな？」と聞く。

≪ダウン症っ子チャレンジポイント≫
・ふだんの生活で，「スプーンでごはんたべよう」「クレヨンでおえかきしよう」等，用途を意識して声をかける。

1-Ⅲ-33　テレビ・ビデオを見て楽しみ，主人公や好きなキャラクターが分かる

集団参加指導

ねらい

テレビの登場人物のうち，好きなキャラクターを識別できる。

教材・場面

さまざまなキャラクターのお面，カード。
集団でテレビ等を見た後に，発表会をする。

方法・工夫

(1) 子どもの好きなテレビ番組を見る。

(2) 好きなキャラクターのお面を選び，キャラクターになりきって自己紹介し合う。

※指導者も参加し手本を示す。楽しみながら参加できる雰囲気を作る。

≪ダウン症っ子チャレンジポイント≫

・好きなキャラクターのお面を選び，なりきることができるか。

【Ⅲ段階：R領域】

1-Ⅲ-34　記号や複雑な絵の異同弁別ができる

個別療育／指導

ねらい

絵の異同を区別することができる。「同じ」の
意味が分かる。

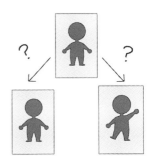

教材・場面

好きなキャラクターの，ポーズの少し異なる絵
を数枚。
指導者と対面または並んで座って取り組む。

方法・工夫

(1) キャラクターのポーズの少し異なる絵を2枚提示する。

(2)「これと同じはどっち？」と2枚のうち1枚と同様の絵を見せる。

≪ダウン症っ子チャレンジポイント≫

・注意を向けて見比べることができるか。

・同じ絵を見つけてマッチングできるか。

1-Ⅲ-35　自分の性別が言える

個別療育／指導

ねらい

自分の性別を答えることができる。

教材・場面

さまざまな身近な人の写真。

指導者と対面または並んで座って取り組む。

方法・工夫

(1) 身近な人の写真を見せて，「この人は男の人です」「この人は女の人です」
　　と提示する。

(2) 「〇〇（子どもの名前）さんは男の人ですか？　女の人ですか？」と子ど
　　も自身の性別を尋ねる。

≪ダウン症っ子チャレンジポイント≫

・適切に性別を答えることができるか。

【Ⅲ段階：R領域】

1-Ⅲ-36　音の聞き分けがスムーズにできる（聴覚認知）

個別療育／指導

ねらい

音の聞き分けがスムーズにできる（聴覚認知）。

教材・場面

音の出る絵本（動物の鳴き声や乗り物の音等），
ひらがな学習の音の出る知育玩具（単語の音声
が出るもの）。

方法・工夫

(1) 音の出る絵本や知育玩具を一緒に読んだり操作したりしながら，音が出
　　たら一緒にまねて言う。

(2) 音に慣れてきたら，ボタンの絵柄を指で隠しながら音を出し，何の音か
　　当てさせる。

※絵本や知育玩具から出る機械音では聞き取りづらい場合は，おとなが繰り
　返し声に出して言う。

≪ダウン症っ子チャレンジポイント≫

・音を聞くだけの遊びではなく，意識して聞き弁別できるか。

・聞いた音をまねたり，聞いた音の絵を指さして答えることができるか。

1-Ⅲ-37　ママの何？

個別療育／指導

ねらい

「ママの〇〇」という所有格を使った二語文で
話すことができる。

教材・場面

ママがよく使っている物。

方法・工夫

(1) ママがよく使っている物を選び，「ママのくつ」のように教える。

(2) その後，「これは誰の？」と尋ねる。

(3) 正しく「ママのくつ」と言えたり，「ママの」と言えたら，「そうだね，
　　ママのくつだね」と言ってほめる。

(4) うまく言えなかった時には，「これはママのくつだよ」と教える。

≪ダウン症っ子チャレンジポイント≫

・子どもの「伝えたい気持ち」を汲み取るようにする。

・「マ」等，語頭の音だけでも出ていれば，たくさんほめる。

【Ⅲ段階：C領域】

1-Ⅲ-38　ままごとで役になって　簡単なことばでやりとりできる

個別療育／指導

ねらい
役になって簡単なことばでやりとりする。

教材・場面
ままごとでの会話のビデオ，役のお面（家族等），ままごと玩具。
ビデオの会話を再現する。

方法・工夫
(1) 手本になるようなままごとの会話をビデオに撮っておき，子どもに見せる。
(2) 実際に役を決め，お面をかぶり，台所の場面を玩具で作りやってみる。

≪ダウン症っ子チャレンジポイント≫
・ビデオのような会話ができるか（オリジナルの会話でもよい）。

【Ⅲ段階：C領域】

1-Ⅲ-39　あいさつ（さよなら）やお礼（ありがとう），謝罪（ごめんなさい）等の対人的なことばを場面に応じて使用する

集団参加指導

ねらい

場面に合わせて対人的なことばを使う。

教材・場面

場面設定がイラストで描かれたカード。
広いスペースで，子どもたちが出会った人とクイズを出し合う。

（みんなとお別れする時に言うのは？）

（さようなら）

方法・工夫

(1) カードを見せながら，「こういう時は何と言いますか？」「"さようなら"です」と提示していく。それぞれのカードについて提示する。

※まずは，指導者が手本を示す。楽しみながら参加できる雰囲気を作る。

(2) じゃんけんをして，勝った方がイラストを見せながらクイズを出す。

(3) 負けた方は答える。

※たくさんの人とできるように様子をうかがう。

≪ダウン症っ子チャレンジポイント≫

・さまざまな場面を理解して，適したことばを言えるか。

【IV段階：E領域】

1-IV-40　三語文を模倣して言える

個別療育／指導

ねらい
写真（イラスト）を手がかりに，三語文を模倣して言える。

教材・場面
三語文の内容の写真やイラスト（できれば子どもの写真）。
指導者と対面または並んで座って取り組む

方法・工夫
(1) 子どもが弁当を食べている写真（イラスト）を見せながら，「私はお弁当を食べる」等の三語文を言う。

※家庭や園・学校での日常的な動作を文にする。

(2)「まねっこできるかな」と言って，模倣させる。

※マイクを向けるように，拳を口元に近づけて模倣を促す。マイクの玩具を用意してもよい。

※助詞が抜けたり，発音等が不明瞭であっても，まずはまねしようとしていること自体をほめながら，指導者がモデルとなる発声を繰り返していく。

≪ダウン症っ子チャレンジポイント≫
・ことばの内容を理解して言えるか。

【IV段階：R領域】

1-IV-41 「食べる物ちょうだい」「動物ちょうだい」等の カテゴリーを言われて，適切なカードを渡すことができる

個別療育／指導

ねらい

カテゴリーを理解する。

教材・場面

動物，食べ物のイラストのカード。

指導者と対面または並んで座って取り組む。

動物ちょうだい

方法・工夫

(1) 2枚のカード（動物・食べ物）を提示する。

(2) 指導者が「動物ちょうだい」と言い，カードを選んで手渡すよう促す。

※異なる方のカードを渡した場合には，「動物はこっちだね」と適切なカードを指導者が指し示し，渡すよう促す。できたらほめる。

※何度も繰り返し，カテゴリーを理解できるようにする。

≪ダウン症っ子チャレンジポイント≫

・動物，食べ物のカードを複数提示し，分類することから始めてもよい。

・その際，「こっちは動物だね」等と教え，「どうぶつ」と模倣するよう促す。

【Ⅳ段階：R領域】

1-Ⅳ-42 絵本「おおきなかぶ」等の簡単なストーリーの 絵本の読み聞かせを最後まで聞ける

集団参加指導

ねらい

簡単な内容の絵本に注目し，最後まで見る。

教材・場面

「おおきなかぶ」等，繰り返しのセリフがある
絵本。

方法・工夫

(1) 絵本を読みながら，「うんとこしょ，どっこいしょ」の時は「一緒に言おう」と促す。

(2) 一緒にセリフを言いながら絵本を読み進める。

≪ダウン症っ子チャレンジポイント≫

・パネルシアター等，より注目しやすいものから始める。

・指導者は身振り手振りを加えながら読み，セリフの発声や注目を促す。

【IV段階：R領域】

1-IV-43　動詞（走る，遊ぶ，座る，着る等）を理解する

個別療育／指導

ねらい

走る，遊ぶ，座る，着る等，よく使う動詞を理解する。

教材・場面

走る，遊ぶ，座る，着る等の動作をしている人を描いた絵カード。

方法・工夫

(1) 動作絵カードを子どもの前に3〜4枚提示する。

(2) 「走っている人はどれ？」と尋ねて，カードを選ばせる。

(3) 絵カードを指さし，「この人は何している？」と尋ねて，答えさせる。

≪ダウン症っ子チャレンジポイント≫

・絵カードを1枚ずつ提示し「この人は，走っている？　寝ている？」と選択肢を与え尋ねる。

【IV段階：R領域】

1-IV-44 「おしっこしたくなったらどうするの？」等の 日常経験していることを尋ねられて答える

個別療育／指導

ねらい

日常で経験していることを答える。

教材・場面

マイク。

方法・工夫

(1) 「クイズだよ」と言い，子どもに マイクを向ける。

(2) 「お腹がすいたらどうする？」「お しっこがしたくなったらどうする？」「眠たくなったらどうする？」「ケ ガをしたらどうする？」等，日常で経験することの対処法を尋ねる。

(3) 子どもが，「ごはん」等と単語で答えた場合は，「ごはんを？」と再度尋 ねる。

≪ダウン症っ子チャレンジポイント≫

・難しい場合には，「お腹がすいたら……」と言い，ご飯と玩具の絵カード を提示し，「ご飯を食べる？　おもちゃで遊ぶ？」と絵カードを見せなが ら尋ねる。

1-Ⅳ-45　ひらがなや数字,
お気に入りのマークを他と区別して認識する

個別療育／指導

ねらい

ひらがなや数, マーク等を区別して認識する。

教材・場面

ひらがなや数字, マークのカードを 2 枚ずつ。

方法・工夫

(1) ひらがなが書かれたカード 3 ～ 4 枚を子ど
もに提示する。

(2) 1 つのひらがなが書かれたカードを見せ「これと同じのはどれ?」と尋
ねて選ばせる。

(3) 慣れてきたら, カードを見せる際に「"あ"はどれ?」のように, こと
ばを添えながら尋ねて選ばせる。

≪ダウン症っ子チャレンジポイント≫

・ひらがなや数字の場合, 区別がしやすいように, はじめのうちは形がまっ
たく異なるひらがな同士, 数字同士を提示するようにする。

【Ⅳ段階：E領域】

1-Ⅳ-46　簡単な歌を何曲かうたえる

個別療育／指導

ねらい

音をよく聞く，聞いた歌をうたう。

教材・場面

歌絵本，マイク。

方法・工夫

(1) 歌絵本を提示し，「一緒にうたおう！」と誘う。

(2) 子どもが知っている歌を選び，一緒にうたう。

(3) 手遊びがある歌は，対面で向かい合って一緒にうたいながら取り組む。

(4) 歌を覚えたら一緒にマイクを持ってうたう。

≪ダウン症っ子チャレンジポイント≫

・ふれあい遊び歌や手遊び歌から始める。

・歌が間違っていても指摘せず，おとなが正しい歌をうたって聞かせながら，楽しくうたう。

1-IV-47　動物や食べ物，乗り物等の名称を思い出して4つ以上言える

個別療育／指導

ねらい

同じカテゴリーの単語を想起する。

教材・場面

食べ物，動物，乗り物等の絵カード。

方法・工夫

(1) 子どもに絵カードを1枚提示し，「これは動物だね。名前は何かな？」と尋ねる。

(2) 子どもが答えられたら，「他にはどんな動物がいるかな？」と尋ねる。

≪ダウン症っ子チャレンジポイント≫

・好きなカテゴリー（乗り物が好きであれば乗り物のカテゴリー等）から始める。

【Ⅳ段階：E領域】

1-Ⅳ-48 「しゃ」「ちゅ」「きょ」（拗音）の発音ができる

個別療育／指導

ねらい

「しゃ」「ちゅ」「きょ」等の拗音を発音する。

教材・場面

「チューリップ」等，名前に拗音が入るものを
描いた絵カード。

方法・工夫

(1)「でんしゃ」「チューリップ」「きょうりゅう」等，名前に拗音が入るも
のを描いた絵カードを見せて，「これは何？」と尋ねて答えさせる。

≪ダウン症っ子チャレンジポイント≫

・発音が難しい場合，たとえば「しゃ」の場合「し」と「や」が言えるかを
確かめ，「し～～や」と音を伸ばして言い，徐々に間を短くして言う練習
をする。

1-Ⅳ-49　身体機能について説明ができる
（「目は何をするもの?」で答える）

個別療育／指導

ねらい

身体機能について説明をする。

教材・場面

身体の絵，または鏡。

方法・工夫

(1) 身体の絵や鏡を一緒に見ながら

「目は何をするもの？」等，身体機能について尋ねる。

(2) 子どもが答えられない時は，「目は見るものだね，じゃあ耳は？」と回答の手本を示し，他の部位についても尋ねていく。

≪ダウン症っ子チャレンジポイント≫

・難しい場合，身体の絵を一緒に見ながら「ご飯を食べるのはどこ？」「お話を聞くのはどこ？」と尋ねる。

【Ⅳ段階：R領域】

1-Ⅳ-50　物の用途について説明ができる
（「鉛筆は何をするもの?」で答える）

個別療育／指導

ねらい

身近な物の用途について説明をする。

教材・場面

椅子，鉛筆，机，本等，身近な物の具
体物か絵カード。

方法・工夫

(1) 子どもに具体物や絵カードを提示し，「鉛筆は何をするもの?」と尋ね
る。

(2) 子どもが答えられない時は，「鉛筆は書くものだね。じゃあ椅子は何す
るもの?」と回答の仕方を教えながら尋ねる。

(3) 子どもが，たとえば「机は何をするもの?」の質問で，「ごはん」等の
単語で答えた場合は，「ごはんを?」と再度尋ねる。

≪ダウン症っ子チャレンジポイント≫

・難しい場合，「鉛筆は書くもの?　見るもの?」と選択肢を与えて尋ねる。

1-Ⅴ-51　上，下，前，後ろが理解できる

個別療育／指導

ねらい

上，下，前，後ろの位置を理解する。

教材・場面

ホワイトボードとマグネット，ホワ
イトボード用のペン。

方法・工夫

(1) 子どもにホワイトボードとマグ
ネットを提示し，マグネットを
1つ渡し，「真ん中に置いて」と
促す。

(2) もう1つのマグネットを渡し，「このマグネットの上に置いて」と促す。

(3) 前，後ろに関しては，ホワイトボードに先頭が分かりやすいように簡単
に電車を書き，「電車の前に乗せて」と言い，マグネットを渡す。

≪ダウン症っ子チャレンジポイント≫

・ブロックで遊びながら，「先生のと同じ形を作ろう」と誘い，「この上に置
こう」のように位置関係を強調して言いながら一緒に作る。

【Ⅴ段階：R領域】

1-Ⅴ-52 「速い－遅い」「暑い－寒い」「長い－短い」等の 反対ことばを知っている

個別療育／指導

ねらい

「速い－遅い」等の反対語を理解する。

教材・場面

対になる反対語をそれぞれ絵で表したカード。

方法・工夫

(1) 子どもに反対語が書かれている絵カードを 提示し，絵を見せながら「夏は暑いね。冬は？」と尋ねる。

(2) 子どもが答えられない時は，対になる絵カードを見せて，「夏は暑い，冬は寒いだね」と教える。

(3) 子どもが理解できたら，ことばのみのやりとりで「飛行機は速いね。じゃあ，船は？」と尋ねる。

≪ダウン症っ子チャレンジポイント≫

・カードでは分かりにくい場合は，ボールやブロック等，具体物を使いながら，「多いのはどっち？」「高いのはどっち？」等のように尋ねる。

【V段階：R領域】

1-V-53　今日の予定や活動の説明
（いつ，どこで，誰が，何を）を最後まで聞ける

集団参加指導

ねらい

今日の予定や活動の説明を最後まで聞
ける。

教材・場面

今日の予定が時系列で書かれている予
定表，絵カード（写真）。

方法・工夫

(1) 活動を時系列で並べてある予定表
を提示する。

(2)「今はお集まりです」「次に工作をします」と話しながら，予定表にやる
こと（絵・写真）を1つずつ貼っていく。

≪ダウン症っ子チャレンジポイント≫

・予定表は文字と一緒に絵を貼り，分かりやすく提示する。

・予定表に活動のカードを貼る係を担当させて，1つずつ渡したカードを貼
らせながら理解を促す。

【Ⅴ段階：R領域】

1-Ⅴ-54 大勢の中で友だちの話や発表を聞ける

集団参加指導

ねらい
集団の中で友だちの話や発表を聞く。

教材・場面
巧技台，マイク。
子どもたちは巧技台のある前を向いて椅子に座る。

方法・工夫
(1) 発表者は前に出て，巧技台に立つ。
(2) 先生はマイクを発表者に向けて，「好きな動物は何ですか？」等の簡単な質問をする。
(3) 2，3人の発表が終わったら，「クイズです」と言い，「○○くんの好きな動物は何だった？」と尋ねる。

≪ダウン症っ子チャレンジポイント≫
・答えられない場合は，動物の絵カードをいくつか提示し，「○○くんはどれが好きだった？」と尋ねて答えさせる。

1-V-55　自分の名前のひらがなが読める

個別療育／指導

ねらい
自分の名前のひらがなを読む。

教材・場面
ひらがなカード，またはひらがな積み木等。

方法・工夫
(1) 子どもの名前の文字が入ったひらがなカードを 10 枚ほど並べる。
(2)「〇〇くんのお名前探してごらん」と言い，名前の文字をひらがなカードの中から探し，順に並べる。

≪ダウン症っ子チャレンジポイント≫
・子どもの名前のひらがなカードを提示し，文字と読みを確認することから始める。

【Ⅴ段階：Ｅ領域】

1-Ⅴ-56　曜日が言える

（個別療育／指導）

ねらい

曜日を覚えて言う。

教材・場面

カレンダー。

方法・工夫

(1) 子どもにカレンダーを見せて，
「今日は何曜日？」と尋ねる。

(2) 何曜日か答えられたら，「じゃあ，明日は何曜日？」と尋ねる。

≪ダウン症っ子チャレンジポイント≫

・カレンダーに，好きなアニメ番組のある曜日にシールを貼る等して，曜日
に興味をもたせる。

【Ⅴ段階：E領域】

1-Ⅴ-57　今日やったことや数日前に経験したイベントについて話すことができる

個別療育／指導　　集団参加指導

ねらい

自分が経験したことをことばで表現しよう。

教材・場面

学校であれば朝の会等。外から帰宅した時，食事の時等。

方法・工夫

(1) 学校の朝の会等で，日曜日に体験したことを発表する。また帰宅した時に「今日何をしたか」「○○の時のこと」を聞いてみる。

※子どもが印象に残ったこと，楽しかったことを自由に話すよう促す。おとなとのやりとりの中で「いつ，誰と，何をしたか」「どんな気持ちだったか」等を必要に応じて補って聞いていく。

(2) 最初は写真等を見ながら話すのもよい。

≪ダウン症っ子チャレンジポイント≫

・ダウン症の子どもは，体験を豊かに感じる力はあるが，それに比べてことばでの表現が得意でない子どももいる。最初は少しでも表現できたらほめ，楽しい気持ちを大事にしながら，おとなが質問しつつ補っていくとよい。

【Ⅴ段階：E領域】

1-Ⅴ-58 ささやき声（小さな声）で話すことができる

個別療育／指導

ねらい

小さな声で話すことができる。

教材・場面

小さな声で話すことが必要な場面，内緒話をする場面。

方法・工夫

(1) 「ぞうさんの声は大きい」「ありさんの声は小さい」等と声の大小の動作をつけて大きい声，小さい声のイメージをもつようにし，「ありさんの声で，あいさつしよう」等と伝え，一緒に小さな声であいさつをする。数字や〇の大小等で声の大きい－小さいを示すのもよい。

(2) 耳元で内緒話をする。最初におとなが子どもに内緒話をし，次に子どもが内緒話をおとなにするように促す。

≪ダウン症っ子チャレンジポイント≫

・日常の生活の中で，小さな声で話す場面（例：医院で待っている時，学校では静かにしないといけない時）を捉えて小さな声で話すように促す。

・おとなが先に小さな声で子どもに話しかける。

1-Ⅴ-59　しりとり遊びや頭文字でことばを想起できる

個別療育／指導

ねらい

単語の最初の文字を取り出せる（音韻意識を育てる）。

教材・場面

しりとりの絵本。

方法・工夫

(1)「こぶた－たぬき－きつね……」等，しりとりの歌を一緒にうたったり，しりとりの絵本を読む。

(2)「"か"のつくことばを探そう」等と声かけをして，「○」のつくことばをたくさん言う遊びをする。

(3) しりとりをする。しりとりで単語を言う時に，1音ずつ太鼓や木琴を叩くと1音1音を意識しやすい。

≪ダウン症っ子チャレンジポイント≫

・「先生と○○さん，どっちがたくさん言えるかな？」等と声をかけ，遊びの中で楽しくやってみる。

【Ⅴ段階：E領域】

1-Ⅴ-60　格助詞（「が」「を」）を正しく使って話せる
（ボールが投げた→ボールを投げた）

個別療育／指導

ねらい

格助詞「が」または「を」を正しく使う。

教材・場面

絵本，絵の描かれているカード。

生活の場面。

方法・工夫

(1) ボール遊び（ボールのやりとり，ボウリング等）を子どもと一緒に行い，助詞を正しく使って動作を表現する（「ボールを投げたね」「先生が投げるよ」）。

(2) 絵本の絵を見ながら，絵についての説明（「何をしているのかな」等）を子どもと楽しむ中で，「が」「を」を用いた表現をする。

(3) 子どもとの会話で，「誰がしたの」「何をしたの」等と質問する。

≪ダウン症っ子チャレンジポイント≫

・うまく表現できなくても理解はしているということも多いため，そのことを認めながら，格助詞を使った表現を促す。

1-V-61 受動態（追いかけられる，押される等）の表現を理解する

個別療育／指導　集団参加指導

ねらい
受動態の表現の理解ができる。

教材・場面
絵本，人形。
追いかけっこ等の遊び。

方法・工夫
(1) 追いかけっこ（「追いかける」「追いかけられる」）や，おしくらまんじゅう（「押す」「押される」）のように「○○される」がある遊びの中で，おとなが動作に合わせて受動態の表現をする。子どもにも同様の表現を促す。

(2) 「押される」等，受動態の表現をおとなが使い，子どもが人形を使って表現するよう促す。

(3) 絵本の絵を見ながら絵について子どもと話を楽しむ中で，おとなが受動態の表現を使う。子どもにも受動態を使った絵の説明をするように促す。

≪ダウン症っ子チャレンジポイント≫
・動作では理解していることも多いので，そのことを認めつつ受動態での表現を促す。

【V段階：R領域】

1-V-62 「もしも～になってしまったら，あなたはどうする?」という質問に答えられる

個別療育／指導

ねらい

「もしも～になってしまったら，あなたはどうする?」という質問に答えることができる。

教材・場面

指導者と対面または並んで座って取り組む。

方法・工夫

(1)「もしも，お腹がすいたらどうする?」「ころんでケガしたらどうする?」等，日常生活で経験する事柄について質問する。答えられなかったら，「〇〇するね」と教える。

※この時に絵カードや絵本等の絵を用いるのも理解を助ける。書くことが得意な子どもであれば，文字を使ってもよい。

(2) できるようになったら，目の前にない事柄についても，「もしも～になってしまったら，あなたはどうする?」と質問してみる。

≪ダウン症っ子チャレンジポイント≫

・たとえば，バス通学をしているのであれば，通学途中のアクシデントへの対応等，「もし～になってしまったら」「△△する」と教える必要がある。「もし～になってしまったら」と日常生活の具体的な場面を想像させる。

1-Ⅴ-63 眼前にない物の色名を尋ねられて答える
(「消防車は何色?」等)

個別療育／指導

ねらい

目の前にない物の色名を思い出して答えられる。

教材・場面

写真, 絵本。

指導者と対座して取り組む。

方法・工夫

(1) 「消防車は何色でしょう?」「お医者さんは何色の服ですか?」等, なぞなぞを出して色当てをする。子どもがなぞなぞを出す役になる, 順番にやるのもよい。

(2) 必要があれば答えを写真や絵で示すとよい。答えられないようなら, 最初は写真や絵を見ながら, 「この消防車は何色?」「赤」というやりとりをするのもよい。

≪ダウン症っ子チャレンジポイント≫

・目の前になくても, 頭の中で思い出して答えられるか。頭の中でイメージする力は, 学習活動の基礎的な力になる。

【Ⅴ段階：L領域】

1-Ⅴ-64　ひらがなを1字ずつ拾い読みする

個別療育／指導

ねらい
自分の名前の中にある文字を探して読める。

教材・場面
絵本。

外出や散歩の時。

方法・工夫
(1) 散歩の時に見つけた看板等で自分の名
前に使っている文字があれば，「"まりこ"の"ま"だね」等と文字探し
をする。
(2) 名前ができたら，名字や，家族の名前に広げてみる。
(3) 絵本を一緒に見て，名前の中にある文字を，絵本の文字の中から探すよ
う促す。

※興味がもてれば，自分から探そうとする姿を示す。

≪ダウン症っ子チャレンジポイント≫
・視知覚が強い子どもが多いので，文字に興味を示す場合が多い。
・まずは最も身近な自分の名前の中にある文字から，楽しく始めてみる。

1-Ⅴ-65　絵本の中のことばや街で見かける 標識・看板（単語）を読める

個別療育／指導

ねらい

絵本の中のことばや街で見かける標識・看板（単語）を読む。

教材・場面

絵本。外出時。

方法・工夫

(1) よく読む絵本の中のことばや，外出時に見つけた看板をおとなが読む。また，標識も「これは"止まれ"」等とおとなが伝える。同じ看板を通るたびごとに読むようにして，繰り返しておとなが読む。

(2) 子どもが分かるようになってきたら「あの看板は何？」と聞いてみる。子どもが「〇〇」と答えられるようになったら，1文字ずつ一緒に読んでみる。

≪ダウン症っ子チャレンジポイント≫

・意味と文字を結びつけることから始める。

・まずは，焦らずにその標識の意味や，看板に何と書いてあるかを覚えることから始める。

【Ⅴ段階：E領域】

1-Ⅴ-66　絵本や紙芝居を見て，人物や動作について正しく説明することができる

個別療育／指導

ねらい

写真や紙芝居を見て説明する。

教材・場面

絵本や紙芝居，人形。

方法・工夫

(1) 遠足等，子どもが参加した行事の写真を見

せて，「これは何をしている写真かな？」と質問して答えるように促す。

※まず子どもが実際に体験した出来事を題材にするとよい。

(2) 紙芝居を読み聞かせた後，紙芝居の中のある場面（絵）を見せて，「これは何をしている絵かな？」と質問して，何をしているところか説明するように促す。

(3) 絵本の絵を見て，「○○が，△△している」と説明するように促す。

≪ダウン症っ子チャレンジポイント≫

・まずは紙芝居や絵本を何度も読み，内容を理解する。

・理解できたら，紙芝居や絵本の絵をおとなと一緒に説明してみる。

・上手に説明ができるようになったら，はじめての絵本の絵や写真を見て説明するようチャレンジしてみる。

1-Ⅵ-67　並べ替えよう！

個別療育／指導

ねらい

時間経過を踏まえて絵カードを順番通りに並べる。

教材・場面

日常的な出来事を時間経過に沿って4〜5枚の
絵で表したカードセット。

指導者と対面または並んで座って取り組む。

方法・工夫

(1) 順番がバラバラになっている1組のカードセットを示し，「○○のお話
　　です」とテーマを簡潔に伝えた上で，正しい順番で並べ替えるよう促す。

(2) 並べ終えたら1つ1つ絵を見ながら話の内容を口頭で説明してもらう。

※話の出だしでつまずいている時は，どの絵から始まるのか示し，残りの
　カードを使って続きを考えるよう促す。

≪ダウン症っ子チャレンジポイント≫

・3つ以上のカードを比較するのが難しい時は，2枚のカードを見比べて，
　どちらが先か判断させながら進めていく。

・誤りがあっても子どもが考えたことを認める。その上で，正しい順番につ
　ながるヒントを伝え，時間の流れを意識して並べ替えられるようにする。

【Ⅵ段階：E領域】

1-Ⅵ-68 「～だから，○○です」等の論理的な表現を使って説明ができる

個別療育／指導

ねらい

写真や絵を見て「～だから，○○です」という表現で説明する。

教材・場面

写真，絵。
理由を説明する場面。

方法・工夫

(1) 転んで泣いている人の絵や写真を示し，「なぜ，泣いているのですか？」と子どもに質問する。答えられなければ，「転んだから，痛くて泣いている」等と絵の説明をし，手本を示す。同様に「～だから，○○です」のように表現ことができる絵を示して行う。

(2) 日常生活の中で理由を説明する場面で，「～だから，○○です」と説明するよう促す。

≪ダウン症っ子チャレンジポイント≫

・ことばにできなくても，経験的に理解していることは多くあるため，まずは理解の程度を確認する。それにより，理解する段階から援助する必要があるのか，理解はできており表現する段階を援助すればよいのか判断する。

・日常の場面でも，おとなが「○○したからだね」という表現を使い手本を示す。

【Ⅵ段階：Ｒ領域】

1-Ⅵ-69　複雑な指示を聞いて
（3種類の動作を一度に言われて）実行できる

個別療育／指導

ねらい

3つの動作を覚えていて最後まで行うことがで
きる。

教材・場面

生活の中で，ゲームとして。

方法・工夫

(1) 公園から帰った時に，「くつをぬいで，ジャンパーをしまって，手を
　　洗ってね」と伝える。できたらほめ，できなかった部分はもう一度伝え
　　たり，一緒に行う。

(2) 「3つのミッションを出します」と言って，3つの動作を行うゲームをす
　　る。

≪ダウン症っ子チャレンジポイント≫

・最初は日常生活の中で必要な場面で自然に行えるようにする（例：着替え
　て，顔を洗って，歯をみがく）。

・次第に場面とは関係のない内容に挑戦してみる。

【Ⅵ段階：R領域】

1-Ⅵ-70　不合理な話や間違った説明を聞いて，おかしなところや違う点を指摘できる

個別療育／指導

ねらい
話を理解して，間違っているところを言うことができる。

教材・場面
おかしなところがある絵，なぞなぞ。

方法・工夫
(1) 間違ったところがある絵を見て，おかしなところを指摘したり，ことばで説明する（例：「夏なのに，ジャンパーを着ている」）。

(2) 間違ったところがある話をして，「どこがおかしいでしょうか？」となぞなぞを出す（例：「手袋とマフラーをして，夏の海で海水浴をしました」）。

≪ダウン症っ子チャレンジポイント≫
・間違いに気づいて指さしで示したものが正解であったら，まずは正解したことをほめる。その後でことばで表現できるように促す。

1-Ⅵ-71 「卵（た・ま・ご）」ということばの語頭音・語尾音・真ん中の音（音韻意識）を理解している

個別療育／指導

ねらい
単語を1音1音（音韻）に分解ができる。

教材・場面
太鼓や木琴，紙。
日常の数をかぞえる場面。

方法・工夫
(1) まず子どもの名前について，「"まりこ"の"り"のつくことばをさがそう」とおとながなぞなぞを出す。子どもが名前の中の文字を使ってそれぞれの文字がつく「ことばさがし」をする。

(2) しりとりをする。

(3) 「卵（た・ま・ご）」と言いながら，1音につき1回，太鼓や木琴等を叩いたり，手を叩いて遊ぶ。

(4) ○が3つ並んでいる紙を用意する。「たまご」と言って，真ん中の○を指して「ここは何の音でしょう？」と質問する。

≪ダウン症っ子チャレンジポイント≫
・発音しながら太鼓や木琴等を叩いたり，手を叩く等して音韻意識を高める。

【Ⅵ段階：E領域】

1-Ⅵ-72　助数詞（個，匹，人，つ等）を正しく使える

個別療育／指導

ねらい

数える時に，個，匹等の助数詞を使う。

教材・場面

日常の中で数をかぞえる場面，なぞなぞ。

方法・工夫

(1) 覚えようとする助数詞を1～2つ決めて，日常の中で使うようにし，実際の場面で使う機会をもつ（「犬が3匹いるね」等）。身近にあり，たびたび使う機会があるものがよい。

(2) 日常の中で数えられるようになってきたら，部屋の中の物を指して数えるよう促したり，絵本に出てきた物等を（ねこ，とら，うさぎ，洋服，家，車，船，紙，箸，タンス……），「〇〇は何て数えるのかな？」となぞなぞを出すのもよい。

≪ダウン症っ子チャレンジポイント≫

・まず日常生活の中で，おとなが数えて手本を見せ，一緒に数えてみる。

1-Ⅵ-73　約束を覚えておこう

個別療育／指導

ねらい

約束したこと（「△の時間になったら□しよう
ね」）を覚えていて遂行できる（展望記憶）。

教材・場面

子どもがやり慣れた課題やお手伝い2種類以上，
キッチンタイマー（アラーム音が鳴る物）。
テレビ等，注意の妨げになる物はなるべく減ら
した環境がよい。

方法・工夫

(1) 1つ目の課題やお手伝いは，やり終えるまでに数分間かかるものにする。

(2) これから2つの課題をやることを伝え，2つ目の課題について「タイ
マーが"ピピッ"と鳴ったら，1つ目の〇〇が終わっていなくても2つ
目の△△をやってね」と伝えて1つ目の課題を行わせる。

※慣れてきたら課題の内容や指示を複雑にしていく。

※言語指示だけでは難しい場合には，ホワイトボードや紙に指示内容を書き
（絵カードを貼ってもよい），それを見せながら指示を伝えたり，思い出す
ために見えるところに置いておいたりする。

≪ダウン症っ子チャレンジポイント≫

・1つ目の課題の途中でも行動を切り替えられるか。

・課題の難易度や個数が増えても，指示を覚えていられるか。

【Ⅵ段階：Ｒ領域】

1-Ⅵ-74　連想ゲーム

個別療育／指導

ねらい

提示された語句から関連のあることばや共通す
るものを次々と想起できる（連想の流暢さ〔想
起・ひらめきの巧みさ〕）。

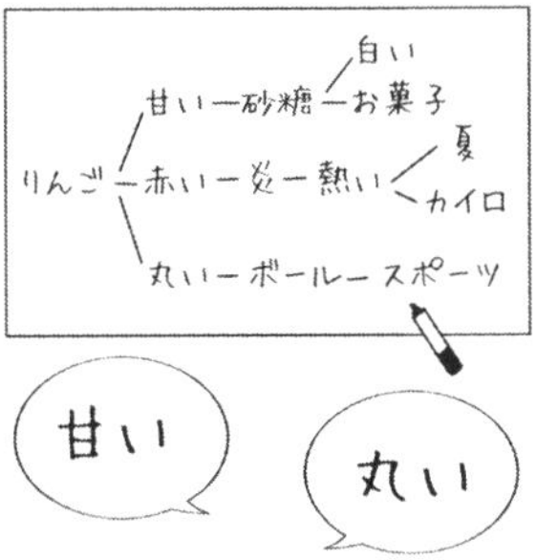

教材・場面

大きめのホワイトボードとマーカー，もしくは
大きめの紙。

静かな個室でのデスクワーク場面で，指導者と対面で座って取り組む。

方法・工夫

(1) 身近な物で1つお題の語句を決め，そこから連想できる語句を複数出し
ていくゲーム。指導者は，お題の語句の上位概念（何の仲間か）や部分
の要素，色，形，見た目，味等の特徴を子どもに質問する。

(2) お題をホワイトボードの中心に書き，子どもが出した語句をお題と線で
つなげて次々に書いていく。

(3) 樹形図のように連想語からさらに連想語をつなげる。

≪ダウン症っ子チャレンジポイント≫

・最初のお題の語句にしばられずに，連想語を広げていくことができるか。

・形や色等の外見的特徴だけでなく，上位概念（例：りんご→果物）等の抽象
概念を連想できるか。

1-Ⅵ-75　自分で絵本を読もう

個別療育／指導

ねらい

絵本の文章を自分で読んで，受動態・能動態や
否定語を理解することができる。

教材・場面

絵本，「誰が」「誰に」「何をした」等と書いた
カード。

方法・工夫

(1) まずはおとなと一緒に絵本を読む。その際に挿絵等を参考にしながら登
　　場人物に注目して読むようにする。慣れてきたら子ども自身が読む。

(2) 次に1文ずつ読み取り，「誰が」「誰に」「何をした」等のカードを使っ
　　て文中のことばを分類させる。

(3) 内容に沿った動作を子どもに実際にさせてみる。

(4) 慣れてきたらカードなしで絵本を読む。

≪ダウン症っ子チャレンジポイント≫

・絵本を楽しんで読むことができているか（最初は子どものお気に入りの場面
　だけでもいいでしょう）。

・子ども自身で絵本を読むことができているか。

・誰が，誰に，何をした等の状況を理解できているか。

【Ⅵ段階：Ｌ領域】

1-Ⅵ-76　日記や作文を書こう

個別療育／指導

ねらい

絵や写真を見ながら，体験した出来事を思い出して，文章で表現することができる。

教材・場面

馴染みのある場面の絵や写真，日記用のノート，時間カード，場所カード。

方法・工夫

(1) ふだん身近に体験する状況が描かれた絵や写真を見ながら，どのようなことを体験したか話し合ったり，状況について質問して答えさせる。

(2) 体験したことを文章に書いてみる。日付を書くことも習慣にする。

※「いつ」「どこで」を表すことばを入れて書くことができるように，あらかじめ「昨日」「今日」「朝」「昼」「夜」等の時間を表すことば，「学校で」「家で」等の場所を表すことばを指導者が記入しておき，それに続けて書くようにする。

※時間と場所を表すことばをカードにしておき，そこから選んで文章を書いてもよい。

≪ダウン症っ子チャレンジポイント≫

・絵や写真を見て出来事をイメージすることができているか。

・誰かに「伝える」ということを意識しながら書くことができているか。

・時間や場所等の状況を含めて書くことができているか。

1-Ⅵ-77　感想文を書こう

個別療育／指導

ねらい

自分が体験した出来事やその時の気持ちを，文章で表現できる。

教材・場面

作文用紙，手がかりになるキーワードカード。

方法・工夫

(1) テーマを決める。「したこと」「見たこと」等を「誰か」に伝えるという設定にすると，テーマを決めやすくなる。

※慣れないうちは，写真や絵を見ながら，出来事を思い出すようにする。

(2) 決めたテーマについて，ある特定の場面を切り取って，「いつ」「どこで」「誰が」「何をしたか」「どんな気持ちだったか」を書く。

※これらのことばをキーワードとしてカードにしておくとよい。

(3) (2)で書いた場面を，時間の順序，場所の順序，出来事の順序についてたどっていく。

※「はじめに」「つぎに」「さいごに」等のことばもカードにするとよい。

≪ダウン症っ子チャレンジポイント≫

・「体験やその時の気持ちを誰かに伝える」ことを意識して書けるか。

・慣れないうちは，楽しかった体験について思い出して書く。

・体験全体について書けなくても一部分だけでも書いてみる。

・書き上げた感想文を一緒に読んで，体験について気持ちを共有することができるか（内容について感想を伝えてあげましょう）。

【Ⅵ段階：E領域】

1-Ⅵ-78　みんなの前で発表をしよう

個別・集団療育／指導

ねらい
人前で適切な声量，話し方で発表できる。

教材・場面
紙，筆記用具，録音機，ビデオカメラ。

方法・工夫
(1) まず，学校行事や旅行等，楽しかった体験について考える。

(2) その中から1つの内容を取り上げ，発表する際の手順に沿って確認する

※一緒に紙に書いて整理すると，子どもの手がかりになる。

・楽しかったことは？（例：家族で遊園地に行ったこと。）

・それのどのようなところが楽しかった？（例：乗り物にたくさん乗ったこと。）

・みんなに伝えたいこと。（例：みんなとも遊園地に行ってみたい。）

(3) 確認した手順をもとに，発表の練習をする。まずおとなが手本を見せる。

(4) 慣れたら「始めと終わりに礼をする」等，話し方のルールを加えてみる。

(5) 練習の様子を録音したり，ビデオで撮影したりして，よくできている部
　　分や苦手な部分等についても確認する。

※完璧を目指すのではなく，子どもが意識できるようになることを目指す。

≪ダウン症っ子チャレンジポイント≫
・子どもが楽しいと感じたことを表現することができているか。

・相手を意識して話すことができているか。

・聞く人と気持ちを共有できているか（発表後は拍手等でほめましょう）。

よくある Q&A

Q1 身振りや表情から，言いたいことは何となく伝わるのですが，ことばがなかなか増えません。同年齢の子どもたちはどんどん話せるようになっていくのを見ると焦ってしまいます。家でできることはありますか？

A1 お子さんが言っていることが分かるということは，ふだんのやりとりからご家族がしっかりコミュニケーションをとり，お子さんの意図を汲み取って，理解できているということです。とても大切なことです。ただし，ご家族の皆さんには，少しだけ我慢して取り組んでもらいたいことがあります。それは，お子さんが言いたいことが何か分かっても，先回りしてやってあげたり，代弁することをぐっと堪えてもらうことです。家庭の中での安心できる環境やストレスのない体験を積み重ねていくのは大切ではありますが，家族が先回りして何でも分かってあげてしまうと，お子さんは言わなくても伝わる，分かってもらえると勘違いしてしまい，ことばで伝える機会が減ってしまうからです。ここでのポイントとして，お子さんに無理に言わせようとするのではありません。周囲が少しとぼけて分からないふりをしたり，クイズ形式にしたりして，楽しみながら自分からことばで伝える機会を設けて練習をしていきましょう。

Q2 ジェスチャーを用いてコミュニケーションをとることが多いです。ジェスチャーを多用すると，ことばが増えないということはありますか？

A2 身振り，サインと音声言語を同時に用いる方法（トータルコミュニケーション）が音声言語表出の学習を妨げることはありません。特に，さまざまなことを理解をしていて表出したいという意欲があるにもかかわらず，ことばが出ないタイプのお子さんに対して，音声言語表出までの代替コミュニケーションとして，身振り，サイン，ジェスチャー等は有効であるといわれています。

そして，音声言語のみに対する反応（理解）が不明確な姿が見られるお子さんの場合，たとえば，身振りやサインにはよく反応し模倣できる場合があります。ここでのポイントは，ジェスチャーとことばを組み合わせることが大切です。たとえば，子どもが，興味をもっているボールに近づき指さしをしたら，手に取って「ボールだね」と言って渡す等，組み合わせて行ってみてください。

Q3 発音の不明瞭さから，幼稚園のお友だちには，何を言っているか伝わっていないと感じる場面があります。何度も一緒に発音の練習をしているのですが，なかなか改善しません。どうしたらよいでしょうか？

A3 発音の不明瞭さの原因としては，構音器官の形態の問題や動かし方（運動）の問題からどうしても発音が不明瞭になってしまう場合と，音に対する聞き取りの未熟さ，つまり，聴力・語音の認知能力の問題からくる場合があります。加えて，早口であるがために聞き取りにくいという場合も考えられます。各部分に大なり小なりの問題が見られ，複合的な原因による可能性もあります。このような原因や症状を改善する訓練や治療等をして，発音・発声指導を実践していくことで少しずつ改善も見られるでしょう。

　ご家族の皆さんは心配になって，家庭の中でも一生懸命に言い間違いや不明瞭さを指摘し，改善できるように働きかけているかもしれません。ただ，いちばん大切にしてほしいのは，お子さんの「話したい」「伝えたい」「表現したい」といった意欲を尊重することです。明瞭に話すことにこだわりすぎて，しつこく修正させようとするのは避けましょう。優しく・ゆっくり・はっきりことばかけをすることを心がけてもらえたらと思います。話しことばだけに頼りすぎず，サイン言語やジェスチャー，文字等のコミュニケーション方法も併用し，それぞれの得意なやり方を生かしたコミュニケーションができるようサポートしましょう。

Q4 友だちとコミュニケーションをとる場面で，伝えたい思いや自身の要

求が強く，ことばより先に手が出てしまい，トラブルになることがあります。どうしたらよいでしょうか？

A4　自分の考えや意思表示がことばで伝えられなくて，とっさに行動（手が出る）で表現してしまった可能性があります。手を出すことはいけないこと，どうすればよかったのか（何と言えばよかったのか）を一緒に確認しましょう。状況を子どもに説明しても，理解するのが難しい場合は，イラストや写真等による視覚的なヒントを提示したり，手本を示して，実際に言ってみる・やってみる体験をさせることが効果的です。その場面を再現してみて，正しいふるまいや適切なことばを発することを実際に練習してみましょう。また，タブレット型端末やスマートフォン等のICT機器も活用しながら，よくできた場面は写真や動画に残して，子どもと一緒に振り返りをするのもよいでしょう。

Q5　摂食がうまくできません。専門家にアドバイスをもらい家庭でも実践してみたいのですが，どこに相談したらよいでしょうか？

A5　0〜3歳頃の離乳期等の乳幼児期は，地域にある保健センターの保健師やかかりつけの小児科医師等に相談しましょう。医療機関や発達支援センター（療育センター）等の歯科医師や口腔機能に詳しい専門職，ST（言語療法士），保健師，心理職等に指導助言してもらったり，摂食指導をしてくれる機関等の紹介を受けましょう。大切なことは，お子さんの実態や生活のペースにあった進め方を導入することです。子どもやその生活等に応じたアドバイスをしてくれる専門家を探しましょう。

Q6　来年，小学校に入学しますが，周りの友だちとコミュニケーションがとれるのか心配です。

A6　就学後は，幼児期の生活とは大きく環境も変わり，新しい場所や先生，

友だち等に慣れることができるかどうかを心配し，戸惑うのはご家族として当然です。特に，子どもに発音の不明瞭さがある場合，他者に理解してもらえるか，意図を汲み取ってもらえるか，うまくコミュニケーションがとれるかどうか，配慮はしてもらえるのだろうか，と心配になるかと思います。就学前の幼稚園・保育所等では，発音の不明瞭さやことばによるコミュニケーションの未熟さを受け止めてもらい，お子さん自身も周囲に分かってもらえるという安心した状況で暮らしてきた場合，小学校に入学して，新しい環境や人間関係の中で，なかなか自分の思いが伝わらないという状況からストレスを感じるかもしれません。先生や友だちに，発音が不明瞭なこと，ことばがうまく話せないこと，周りの友だちと関わりたくて早口になったりすること，ジェスチャーで表現することが多いこと等のお子さんの特性について伝え，お子さんが安心して発信できるような環境作りに協力してもらいましょう。また，ことばによるコミュニケーションのみでなく，タブレット型端末（写真，イラストや文字表現等の活用）や発語補助等のICT機器も使いながら，多様な方法でコミュニケーションがとれるように工夫しましょう。そして，そうした環境作りや道具等の活用について学校や先生，関係者等と連携して検討できる機会（支援会議等）を設けてもらうとよいでしょう。そうやって，お子さんを詳しく理解してもらったり，情報交換し，お子さんに関わる人たちが協働して，ことばを育む環境とお子さんに合ったコミュニケーション環境を準備してあげましょう。

索 引

監修者　　橋本創一　　東京学芸大学

編　者　（※は編集幹事）

橋本創一　　東京学芸大学
田中里実※　東京都立大学
杉岡千宏　　明治学院大学
野元明日香　志學館大学
小松知子　　神奈川歯科大学

執筆者　（執筆順）
橋本創一　　まえがき・8章・9章・Q&A　監修者
田中里実　　1章・索引　編集幹事
杉岡千宏　　2章・Q&A　編者
小松知子　　3章　編者
村梶夏希　　4章　はこだて療育・自立支援センター
腰川一惠　　5章　聖徳大学
野元明日香　まえがき・6章　編者
花澤雪乃　　7章　ダウン症のある子の親

第9章プログラム執筆者（50音順）
浮穴寿香　　小金井市児童発達支援センターきらり
歌代萌子　　社会福祉法人同愛会川崎市中央療育センター
小柳菜穂　　東京学芸大学
杉岡千宏　　編者
田尻祥子　　中野区立療育センターアポロ園
堂山亞希　　目白大学
細川かおり　千葉大学
溝江　唯　　医療法人岡田こどもクリニック

イラストレーター

武藤有紀，福田弥咲，小柳菜穂，しゃも，ひろのあやめ

たのしくできるダウン症の発達支援 アセスメント&プログラム
第1巻　ことばを育てる

2023 年 6 月 25 日　初版第 1 刷発行

監修者	橋本創一
編　者	橋本創一・田中里実・杉岡千宏・野元明日香・小松知子
発行者	宮下基幸
発行所	福村出版株式会社
	〒113-0034　東京都文京区湯島 2-14-11
	電話　03-5812-9702　FAX　03-5812-9705
	https://www.fukumura.co.jp
印　刷	中央精版印刷株式会社
製　本	中央精版印刷株式会社

福村出版◆好評図書

福村出版◆好評図書

橋本創一・安永啓司・大伴 潔・小池敏英・伊藤友彦・小金井俊夫 編著
特別支援教育の新しいステージ
5つのI(アイ)で始まる知的障害児教育の実践・研究
●新学習指導要領から読む新たな授業つくり
◎1,800円　　ISBN978-4-571-12135-7　C3037

新学習指導要領のポイントをわかりやすく解説し、知的障害児のためのユニークな授業実践33例を紹介。

渡邉貴裕・橋本創一 他 編著
特別支援学校・特別支援学級・通級による指導・通常の学級による支援対応版
知的障害／発達障害／情緒障害の
教育支援ミニマムエッセンス
●心理・生理・病理, カリキュラム, 指導・支援法
◎2,700円　　ISBN978-4-571-12144-9　C3037

特別支援学校教諭免許状の第二・三欄カリキュラムを網羅。指導・支援者が学ぶべきミニマムエッセンスを解説。

橋本創一・三浦巧也・渡邉貴裕・尾高邦生・堂山亞希・熊谷 亮・田口禎子・大伴 潔 編著
教職課程コアカリキュラム対応版
キーワードで読み解く
特別支援教育・障害児保育&
教育相談・生徒指導・キャリア教育
◎2,700円　　ISBN978-4-571-12140-1　C3037

文部科学省により2017年に策定された教職課程コアカリキュラムに即した教職課程必須のスタンダードテキスト。

杉中拓央・呉 栽喜・松浦孝明 編著
教職をめざす人のための
特別支援教育
●基礎から学べる子どもの理解と支援
◎2,200円　　ISBN978-4-571-12143-2　C3037

障害の有無にかかわらず, さまざまな背景をもつ子どもたちの理解と支援に向け, わかりやすくまとめた概説書。

橋本創一・熊谷 亮・大伴 潔・林 安紀子・菅野 敦 編著
特別支援教育・教育相談・障害者支援のために
ASIST学校適応スキルプロフィール
●適応スキル・支援ニーズのアセスメントと支援目標の立案
◎5,000円　　ISBN978-4-571-12123-4　C3037

学校・職場などでの適応状況を可視化するオリジナルの調査法。専門知識は不要ですぐに使える。CD-ROM付。

橋本創一 編
知的障害・発達障害児における
実行機能に関する脳科学的研究
●プランニング・注意の抑制機能・シフティング・ワーキングメモリ・展望記憶
◎7,000円　　ISBN978-4-571-12141-8　C3037

支援ニーズ把握のためのアセスメントとして実行機能に焦点を当て, 様々な実験を通じて多面的な検討を試みる。

日本発達障害学会 監修
キーワードで読む 発達障害研究と実践のための
医学診断／福祉サービス／特別支援教育／就労支援
●福祉・労働制度・脳科学的アプローチ
◎2,800円　　ISBN978-4-571-42058-0　C3036

発達障害の概念を包括的に捉え, 医学・福祉・教育・労働における最新のトピックと取り組み, 課題を解説。

◎価格は本体価格です。

基本的な接し方，療育や実践の工夫をイラストを交えて紹介。
療育機関や教育機関，家庭でも役立つ！

全**4**巻

たのしくできる
ダウン症の発達支援
アセスメント&プログラム 橋本創一 [監修]

本書の基本構成

- 専門家による解説⇒ダウン症児の親の体験⇒アセスメント票⇒0～10歳の年齢段階別支援プログラム
- 「子どももおとなも背伸びせず！」「楽しくなければやめればいい！」をモットーに，療育的要素を取り入れた具体的なプログラム
- 第4巻では19歳以降のプログラムも掲載

第1巻 ことばを育てる 橋本創一・田中里実・杉岡千宏・野元明日香・小松知子［編］
ISBN 978-4-571-12586-7
ダウン症児のことばの力を大きく伸ばすためのアセスメントと，生活の中で楽しくできるプログラムを紹介。

第2巻 知能を育てる 橋本創一・山口 遼・堂山亞希・加藤宏昭・秋山千枝子［編］
ISBN 978-4-571-12587-4
ダウン症児の自発的な活動を引き出し，知的活動を促すためのアセスメントとプログラム。

第3巻 元気な体をつくる 橋本創一・熊谷 亮・田口禎子・渡邉貴裕・小野正恵［編］
ISBN 978-4-571-12588-1
ダウン症児に運動習慣を促し，健康な体づくりを楽しく実践できるアセスメントとプログラムを紹介。

第4巻 社会性を育む 橋本創一・李 受眞・尾高邦生・細川かおり・竹内千仙［編］
ISBN 978-4-571-12589-8
乳幼児期から就労期にわたる，ダウン症児者の社会性の発達を支援するためのアセスメントとプログラム。

無理せず，できることをのばそう

A5判・並製・カバー装・各巻 約160頁
各巻定価（本体 2200 円＋税）